Holger Heck
Thomas Casper

So wird (fast) jede Stute tragend

W0095557

© Copyright, 1989
Alle Rechte, auch die des auszugsweisen Nachdrucks,
beim BEATE DANKER-VERLAG, Markt 9, 6360 Friedberg/H. 3.
Verantwortlich für den Inhalt sind die Autoren.
Satz: Druckerei&Werbeagentur Willi Keller, 6473 Ober-Seemen.
Technische Herstellung: Druckerei L. Wagner, 6365 Bad Nauheim.
ISBN 3-927456-05-5

Das Handbuch für den Pferdezüchter

Holger Heck
Thomas Casper

So wird (fast) jede Stute tragend

Rosse · Decken · Fruchtbarkeitskontrolle
Haltung · Fohlenaufzucht

Beate Danker-Verlag

Inhalt

Vorwort

Eine kleine Revolution ist gefordert

Mit der Tür ins Haus zu fallen, gilt aus gutem Grund als unhöflich und verrät auch nicht gerade beste Manieren — um es milde zu formulieren. Es ist aber glücklicherweise nicht mehr Voraussetzung für einen Pferdezüchter, ein »Herr von Adel und Stand« zu sein — dennoch schließt es nicht aus, daß Pferdemenschen weiterhin »Herren im Geiste« sein sollten.

Es sei um Vergebung gebeten, wenn die Autoren trotzdem — und ausnahmsweise — mit der Tür ins Haus fallen. Eine Revolution — auch eine kleine — ist selten erfolgreich gewesen durch Höflichkeit und Salon-Manieren. Und eine kleine Revolution ist schon notwendig, wenn die Fruchtbarkeitsrate bei den Pferden über den augenblicklichen bedauernswerten Stand angehoben werden soll. Es hat wenig Sinn, an den Symptomen herumzudoktern und das bekannte Grundübel aus Gründen der Trägheit oder der Tradition unangetastet zu lassen.

Die Fruchtbarkeitsrate bei Pferden liegt heute bei nicht einmal ganz 60 Prozent — Zahlen aus der Warmblutzucht. Die vergleichbaren Zahlen aus der Zucht des englischen Vollblutes zeigen, daß mit hygienischen Maßnahmen und durch eine permanente Kontrolle eine Erhöhung dieser Werte erreicht werden kann.

Das Hauptproblem liegt aber ganz einfach in der ungünstigen Deckzeit, die in der Vergangenheit natürlich ihren unverrückbaren Hintergrund gehabt

7

hat. Doch alle Gründe aus der Vorzeit, weshalb Stuten in der Zeit zwischen (Dezember) Januar und Juni/Juli bedeckt werden sollten, sind inzwischen nicht mehr gültig.

Im positiven Sinne konservativ zu sein, steht Pferdemenschen gut an. Es gilt, Traditionen zu bewahren, die in unserer schnellebigen Zeit ohne dieses Bewußtsein sehr rasch verlorengingen. Eine Tradition allerdings, die nur erhalten wird um des Erhaltens willen und folglich Nachteile in sich trägt, ist in die Kategorie der abzuschneidenden Zöpfe zu rechnen.

Die biologisch und physiologisch günstigsten Zeiträume im Jahreslauf für das Bedecken von Stuten sind die Monate Mai, Juni, Juli und dann wieder September und Oktober. In diesen Jahreszeiten werden auch die Stuten in wildlebenden Herden von den mitlaufenden Hengsten gedeckt. In einer Zeit, in der man sich — durch Schaden klug geworden — ohnehin wieder deutlicher an den natürlichen Abläufen zu orientieren beginnt, ist es eigentlich kaum einsehbar und sehr verwunderbar, warum über die Frage des Bedeckungszeitpunktes bei Stuten noch keine intensive Diskussion begonnen wurde.

Logik hin, Logik her — bedeckt werden die Stuten aber immer noch in den Monaten Januar, Februar, März und April. Nach den vorgeschriebenen Decksaisons sind auch der Mai, der Juni und teilweise auch der Juli als Bedeckungsmonate vorgesehen. Doch wegen der Termine der Brenn- und Absatzveranstaltungen legen die Pferdezüchter natürlich Wert darauf, daß die Fohlen nicht zu spät im Jahr zur Welt kommen. Deshalb sind rund 80 Prozent der Stuten spätestens Ende April beim Hengst gewesen, womit der Hauptgrund für die niedrigste Fruchtbarkeitsrate bei allen Haustieren genannt wäre.

In einigen Zuchtgebieten hat es sich in den vergangenen Jahren eingebürgert, die Decksaison in ihrer zeitlichen Begrenzung nicht mehr so eng zu fassen — Sondergenehmigungen sind nicht mehr notwendig. In anderen Zuchten werden Sondergenehmigungen ohne jegliche Probleme erteilt. Doch ist das nicht die Lösung. Weiterhin sind die staatlichen Hengste nur in der vorgeschriebenen Decksaison auf ihren Stationen im Lande, weiterhin hat der Züchter, der ein im Juli, August oder auch September geborenes Fohlen verkaufen will, wirkliche Nachteile zu erwarten. *Somit gibt es nur einen einzigen Weg aus dem Dilemma: die Bedeckung der Stuten in den biologisch günstigsten Zeiten muß zur Regel werden!*

Warum aber liegen die Decksaisons heute noch zwischen Januar und Juli?

Die Erklärung dafür ist einfach: in den Zeiten der arbeitsintensiven, kaum mechanisierten Landwirtschaft — noch bis vor ca. 30 Jahren — hatte der Landwirt im Frühjahr oder Herbst etwas anderes zu tun als sich um die Bedeckung oder das Abfohlen seiner Stute zu kümmern. Er mußte Kraft und auch jede Stunde in der Bewirtschaftung seiner Ackerflächen einsetzen. Die Remontierung junger Pferde für den eigenen Einsatz oder zum Verkauf liefen parallel dazu. Bedecken und Abfohlen erfolgten in den weniger arbeitsreichen Monaten des Spätherbstes oder des Winters. Natürlich war es für den Landwirt viel wichtiger, sein Heu trocken unter Dach und Fach zu bringen oder die vielen Wochen der Getreideernte erfolgreich zu bestehen, als ein Fohlen günstiger verkaufen zu können.

Diese Situation hat sich grundlegend geändert. Immer noch werden rund 80 Prozent aller Pferde in landwirtschaftlichen Betrieben gezüchtet. Zwar ist eine Reihe von Hobby-Züchtern hinzugekommen, aber weiterhin werden Pferde auch in der Landwirtschaft als Nebenerwerbszweig gesehen, aus Liebhaberei oder auch aus Tradition gehalten.

Durch den starken Maschineneinsatz in der Landwirtschaft spielen aber die Pferde in der Erntezeit nicht mehr die gleiche Rolle wie etwa noch vor 30 oder mehr Jahren, und der Landwirt ist auch nicht mehr über mehrere Wochen in der Heu- oder Getreideernte gebunden. Es stellt für ihn — auch während der Zeit der Heuernte — kein unlösbares Problem dar, seine Stute zwischendurch einmal zum Hengst zu bringen. Dieses gilt auch für den Zeitpunkt der Geburt eines Fohlens.

Was spricht dagegen, wenn die Fohlen im Sommer und Herbst zur Welt kommen würden und die Absatz- und Körveranstaltungen im darauffolgenden Frühjahr stattfänden?

Zunächst einmal bekäme zwar manche Zuchtbürokratie gewisse Schwierigkeiten, doch dieses Problem ist sicher lösbar.

Lediglich bedeutet das Jahr der Umstellung eine Zeitverschiebung von ca. einem halben Jahr: Stuten, die ihr Fohlen im März bekommen haben, kämen dann erst wieder im Sommer oder auch im Herbst zum Hengst. Es spricht nichts dagegen, auch im Jahr der Umstellung eine Fohlen-Absatzveranstaltung im Herbst zu arrangieren. Die Fohlenverkäufe im darauffolgenden Jahr könnten dann aber schon im Frühjahr stattfinden.

Auch die Hengstaufzüchter müßten ausschließlich im Jahr der Umstellung ihre Hengste ein halbes Jahr länger halten. Kör-Veranstaltungen im Frühjahr bergen eine Reihe von Vorteilen. Die im Sommer geborenen Junghengste könnten zwei volle Sommer auf der Weide verbringen und würden nicht, wie bisher üblich, schon zu Beginn der zweiten Weidesaison viel zu früh von der Koppel genommen werden, um auf die Körung vorbereitet zu werden. Dies könnte in Zukunft während der Aufstallungszeit den Winter über geschehen.

Problematisch bei dieser Verlegung ist möglicherweise der eingeschränkte Weidegang der Fohlen zu sehen. Fohlen, die im Herbst zur Welt kommen, hätten nur noch wenig Koppelgang vor der Winteraufstallung. Die Bewegungsmöglichkeit für Fohlen, die mit ihren Müttern zusammen in Boxen gehalten werden, ist im Vergleich zur Gruppenlaufstallhaltung ebenfalls schlechter.

Die Aufwendungen, um spät im Jahr geborene Fohlen über den ersten Winter die notwendige Bewegungsmöglichkeit zu verschaffen, stehen aber in keinem Verhältnis zu den Aufwendungen, die erforderlich sind, um Stuten in einer optimalen Bedeckungskonstitution zu halten.

Als einen weiteren Punkt gegen eine Veränderung des bestehenden Systems könnte man eventuell noch den Abfohlzeitpunkt nennen. Teilweise kämen Fohlen in der besonders heißen Jahreszeit zur Welt. Jedoch scheint dies — außer vielleicht bei schwergebärenden Stuten nach den bisherigen Erkenntnissen nicht nachteilig zu sein, wenn die Stuten im Hochsommer abfohlen.

Auch wenn mancher einsichtige Pferdezüchter auch schon bisher seine Stute in den richtigen Zeiten zum Hengst gebracht hat — eine grundsätzliche Verbesserung der Fruchtbarkeitsrate ist nur durch eine generelle Umstellung vorstellbar. Im Interesse ihrer Mitglieder werden die Zuchtverbände auf Dauer ohnehin nicht darum herumkommen, die Absatzveranstaltungen in das Frühjahr zu verlegen. Die Aufweichungen der bis vor einigen Jahren fast dogmatisch festgeschriebenen Decksaisons sind erste Schritte in diese Richtung. Es ist absehbar, daß über den augenblicklich kleinen Prozentsatz hinaus in einigen Jahren Stuten außerhalb der vorgeschriebenen Decksaison zum Hengst gebracht werden. Und unter Umständen ist es auch vorstellbar, daß in einigen Jahren neben den im Herbst stattfindenden Absatzveranstaltungen zusätzliche Auktionen und Verkaufsmärkte im Frühjahr durchgeführt werden.

Es stellt sich aber die Frage, warum über Jahre hinweg so viel Zeit, Geld und Engagement verlorengehen muß. Rasches Handeln ist vonnöten, und eine grundsätzliche Umstellung wird in wenigen Jahren die Fruchtbarkeitsrate um ein Beträchtliches angehoben haben!

In diesem Handbuch für den Pferdezüchter werden alle Aspekte angesprochen, die die Fruchtbarkeit einer Stute sicherstellen können. Das beginnt bei den Haltungsbedingungen und endet bei der Fruchtbarkeitskontrolle. Alle diese Maßnahmen sind notwendig, denn natürlich ist durch eine optimale Haltung und eine Verbesserung der Zuchthygiene eine Erhöhung der Fruchtbarkeitsrate zu erzielen. Doch den wirklich entscheidenden Schritt nach vorn können alle solche Verbesserungen nicht bringen.

Dieses ist ausschließlich durch eine möglichst enge Zusammenarbeit mit Mutter Natur möglich. Konkret heißt das: Die Decksaisons müssen in die Monate April/Mai bis September/Oktober verlegt werden.

Über dieses wichtige Thema Diskussionsstoff zu bieten, mit dem Ziel, eine möglichst schnelle Veränderung zu erreichen, ist das Hauptanliegen dieses Buches.

Brand-Hof,
im Herbst 1989

Holger Heck
Thomas Casper

Kapitel I

Richtige Haltung — gute Fruchtbarkeit

Artgerecht bedeutet eine der Art gerechte Haltung, die die Bedürfnisse des Pferdes weitgehend befriedigt. Sie ist die Voraussetzung für Gesundheit, Leistungsfähigkeit und Fruchtbarkeit, aber auch für Willigkeit und psychische Ausgeglichenheit des Pferdes.

Problematischer Deckzeitpunkt

Eine der wichtigsten Ursachen für die vergleichsweise schlechte Fruchtbarkeit bei Stuten ist in der unnatürlichen zeitlichen Festsetzung der Decksaison, gemessen an den physiologisch-hormonellen Gegebenheiten bei der Stute, zu sehen. Die Stute als ein in ihrer Aufnahmefähigkeit dem Jahresrhythmus angepaßtes Tier erreicht in unseren Breitengraden die höchste Eierstocktätigkeit (Ovartätigkeit) in den Monaten Mai, Juni und Juli. Eine zweite, abgeschwächte ovarielle Aktivität ist in den Monaten September und Oktober festzustellen. Im Zeitraum zwischen November und Februar ist die Follikeltätigkeit bei den meisten Stuten nur sehr gering, so daß in diesen Monaten oftmals keine Rosse eintritt.

Während zu Beginn der Decksaison (Februar) nur einzelne Stuten rossen (20%) und eine Ovulation bei noch weniger Stuten tatsächlich stattfindet,

12

endet die von den Zuchtverbänden festgelegte Decksaison bereits wieder im Juli, genau in der Zeit der höchsten ovariellen Tätigkeit, wenn mehr als 80% aller Stuten befruchtungsfähige Eier produzieren.

Eine zeitige Belegung ist aber aus organisatorischen Gründen innerhalb der Zuchtverbände und natürlich vor allem wegen der Vermarktung der Fohlen erwünscht. Denn ein Züchter, der sein Absatzfohlen verkaufen will, erhält erfahrungsgemäß für die frühgeborenen Fohlen höhere Preise auf den Fohlenmärkten als für die spätgeborenen.

Ein weiterer Vorteil einer frühen Belegung ist die Tatsache, daß bei manchen gesunden Stuten, bei der die Brunst verpaßt wurde, eine weitere Bedeckungsmöglichkeit besteht. Außerdem besteht nur beschränkt die Aussicht, daß eine spät (z.B. im Mai/Juni) belegte Stute, nach dem ersten Deckakt als genitalkrank befunden, wieder ausgeheilt ist und noch in demselben Jahr wieder bedeckt werden kann. Vorteilig für eine Belegung im Mai/Juni sind die Bedingungen für die im nächsten Frühjahr zur Welt kommenden Fohlen zu beurteilen. Durch die schon im frühen Lebensalter mögliche tägliche Bewegung im Freien werden die gesamte Entwicklung und die Gesundheit der Fohlen gefördert.

Ein Problem einer zeitig im Frühjahr zum Hengst gebrachten Stute sind die gewöhnlich sehr lang andauernden Rosseperioden. Es ist nicht selten, daß Stuten bei Saisonbeginn über einen Zeitraum von über einer Woche bis zu einem Monat Rossesymptome zeigen und sie schließlich beenden, ohne einen ovulationsfähigen Follikel gebildet zu haben. Die Rossedauer verkürzt sich mit Zunahme der wärmeren Jahreszeit und der damit verbundenen längeren Tageslichtdauer. Durch die kürzere, intensivere Rosse läßt sich die Zahl der Bedeckungen pro Periode reduzieren (am günstigsten wäre ein Sprung), was aus hygienischen Gesichtspunkten (Keimeinschleppung/Verletzungsgefahr) als sehr positiv zu bewerten ist.

Diese fruchtbaren Rossen gehen mit der Aktivierung der Eierstockfunktion einher. Angeregt werden die Ovarien vor allem durch ein Frühlingswetter mit viel Sonne (ß-Carotin Produktion), frischem Gras und Bewegung im Freien. Diesen jahreszeitlichen Einfluß auf die Fruchtbarkeit unterstreicht eine Untersuchung von Aehnelt und Plas. Sie stellten als Ursache der Subfunktion der Eierstöcke oder deren zystischen Veränderungen Faktoren wie Jahreszeit, Klima, Haltung, Futter und Lichtverhältnisse heraus. Bei 44,4% von 290 Stuten traten im Februar Störungen im Zyklusgeschehen auf, die in den folgenden Monaten zunehmend in den Hintergrund traten. Im Juni wurden nur noch an 4,8% der Stuten Anomalien der Eierstöcke festgestellt.

Nicht nur der Deckmonat, sondern auch das jeweilige Deckjahr hat, bedingt durch die Witterungseinflüsse, einen Einfluß auf die Trächtigkeitsrate. Temperatur, Lichtverhältnisse und Niederschlagsmengen bestimmen einerseits die jeweilige Grundfutterqualität, andererseits beeinflussen besonders die Temperatur und das Licht den Hormonhaushalt der Zuchtstute direkt.

Auch die Tagestemperatur spielt bei der Bedeckung der Stute eine Rolle. In einer Untersuchung stellte Abel 1984 fest, daß an Tagen mit starken Temperaturschwankungen von +/- 3 Grad und mehr Ovulationshäufungen auftraten.

Nicht erst seit den Untersuchungen von Merkt und Minning ist die Mär von der besonders günstigen Fohlenrosse als eine solche entlarvt. Die Fohlenrosse, die am 8. oder 9. Tag nach der Geburt auftritt, führt nicht zu einer erhöhten Aufnahme der Stuten — im Gegenteil. Merkt und Minning stellten in einer ausführlichen Untersuchung fest, daß die Bedeckung von Vollblutstuten in der Fohlenrosse zu einer geringeren Fruchtbarkeitsrate führte als außerhalb dieser Fohlenrosse. Die Fruchtbarkeitsrate innerhalb der Bedeckung in der Fohlenrosse lag bei 70 Prozent, außerhalb wurden 80 Prozent und mehr festgestellt. Diese Ergebnisse aus der Vollblutzucht sind ohne Einschränkung auch auf die Warmblutzucht zu übertragen.

Die meisten Stuten, die nach einer Bedeckung innerhalb der Fohlenrosse nicht endgültig tragend blieben, hatten zwar aufgenommen, waren also tragend geworden, hatten danach aber resorbiert. Dies läßt sich damit erklären, daß viele Stuten direkt nach der Geburt auf eine Wiederbelegung organisch noch nicht vorbereitet sind, d.h. der Reinigungsvorgang noch nicht abgeschlossen ist. Es hat sich als sehr vorteilhaft erwiesen, die Fohlenrosse zu übergehen und Stuten in der darauffolgenden Rosse zum Hengst zu bringen.

Im übrigen sollte man für den Paarungszeitpunkt auch das Haarkleid der Stuten beachten. Noch mitten im Haarwechsel stehende Stuten besitzen in diesem Zustand nicht immer die nötigen Voraussetzungen für eine Befruchtung. Durch Zufüttern von Leinsamen kann dieser Prozeß beschleunigt werden.

Da Rosseverhalten, Rossedauer und Paarungszeitpunkt typgebunden sind, ist es sinnvoll, für jede Stute einen Rossekalender zu führen, denn Angaben zum Zyklusablauf aus dem Gedächtnis heraus sind meist lückenhaft und unzuverlässig.

Eine Stutenuntersuchungskarte, die jahrelang bei der Stute bleibt und die getroffenen Hygienemaßnahmen, Krankheiten und weitere wichtige Daten aufführt, kann dem Tierarzt oder dem Hengsthalter ebenfalls wertvolle Hinweise geben. Der Rossekalender kann auch in manchen Hobby-Zuchtbetrieben, bei denen das Erkennen der Rosse ein ernsthaftes Problem darstellt, eine große Hilfe sein. Gründe für diese Schwierigkeit liegen zum einen in der mangelnden Zeit, die für eine ständige und regelmäßige Beobachtung notwendig ist, zum anderen aber auch in einer gewissen Unkenntnis.

Hilfestellung können in solchen Betrieben auch spät kastrierte Wallache (mit Hengstmanieren) leisten, die das Erkennen rossiger Stuten wesentlich erleichtern.

Die Einflüsse des Lichts

Die Fortpflanzungsaktivität der Stute wird durch zahlreiche Umweltfaktoren beeinflußt. So ist bekannt, daß z.B. ungünstige Witterungsverhältnisse (Schnee, Regen, Kälte) Brunsterscheinungen plötzlich unterdrücken können. Andererseits fördert mildes Wetter die Rosse. Den wichtigsten Faktor für die Sexualfunktion und vor allem für die Stimulierung der Eierstocktätigkeit stellt jedoch die Tageslänge bzw. die Veränderung der Tageslichtdauer dar.

Die Tageslichtdauer hat über die Retina (Netzhaut) des Auges eine anregende Wirkung auf die Hypophyse, welche wiederum andere endokrine Drüsen aktiviert, die dann den Fortpflanzungsprozeß direkt beeinflussen. Nach einiger Zeit kommt es zu einer Follikelentwicklung und zu Rosseaktivitäten. Dieser Tatsache bewußt, werden in der Praxis heute schon sogenannte Lichtprogramme eingesetzt. Durch diese Maßnahme kommt das im Winter ruhende Wechselspiel der am Zyklus beteiligten Hormone früher als natürlich wieder in Gang, da eine Jahreszeit mit längeren Tagen vorgetäuscht wird.

Der Einsatz des künstlichen Lichtes wird nach zwei Systemen durchgeführt. Entweder wird die Stallbeleuchtung allmählich bis zu 16 Stunden pro Tag verlängert (von 5 bis 21 Uhr) oder es erfolgt eine abrupte Umstellung auf diese 16stündige Beleuchtungsdauer, nachdem in einem vierwöchigen Vorlauf eine achtstündige Beleuchtungsdauer durchgeführt wurde.

Zu welchem Zeitpunkt sich der ovulatorische Zyklus einstellt, läßt sich nicht vorhersagen, weil noch andere Faktoren, wie z.B. Fütterung und Stalltemperatur, mitwirken. Fest steht aber, daß eine ovulatorische Rosseperiode durch Kunstlicht um einige Wochen bis Monate vorverlegt werden kann. Umgekehrt ist bei zu geringem Lichteinfall während der Stallhaltungsperiode mit einer Verzögerung bzw. schwächeren Ausprägung der normalerweise zum Frühjahr hin deutlicher werdenden Brunsterscheinungen zu rechnen.

Einflüsse der Luft

Um das Wohlbefinden der Stuten und ihre optimale Fortpflanzungsbereitschaft zu sichern, ist auch auf eine genügende Zufuhr von frischer Luft zu achten. Eine solche Zufuhr sollte beim Pferd als Lauftier mit entsprechend leistungsfähiger, aber auch hinsichtlich Frischluftzufuhr anspruchsvoller bzw. empfindlicher Lunge selbstverständlich sein. *Leider wird in vielen Pferdeställen gegen diese Grundforderung verstoßen.* So finden sich oft Boxen mit zumindest in der unteren Hälfte dicht geschlossenen Wänden in Kombination mit Matratzen-Einstreu, d.h. eine laufende Produktion von lungenbelastendem Ammoniakdunst, sowie weitgehend geschlossene Fenster und Türen ohne anderweitig geregelte Frischluftzufuhr. *Mit einer solchen Aufstallung wird eine Anfälligkeit gegen Erkrankungen der Atmungsorgane geradezu »gezüchtet«.* Dauernder Aufenthalt unter schlechten Luftbedingungen führt zu einer verminderten Vitalität und letztlich zu Erkrankungen. Umgekehrt findet man in mehr oder weniger offenen Ställen mit freiem Luftaustausch zwischen den Boxen und dem Stallgang bzw. dem Außenraum nur sehr selten ernsthafte Erkältungskrankheiten, auf keinen Fall solche, die auf die großzügige Frischluftzufuhr als Ursache zurückzuführen wären.

Die chemische Zusammensetzung der Stalluft sollte sich nur unwesentlich von der Außenluft, die rund 21% Sauerstoff und nur 0,03% CO_2 enthält, unterscheiden. Das Pferd reagiert auf ansteigenden CO_2 Gehalt mit zunehmender Atemfrequenz und höherer Pulszahl. Der CO_2 Gehalt der Stalluft kann bei mangelnder Lüftung das Zehnfache der Außenluft betragen, ohne daß man dieses durch Geruch wahrnehmen könnte.

Bei der Frischluftzuführung in die Stallungen (Ventilatoren, Fenster) darf keine Zugluft entstehen, da Pferde sehr empfindlich darauf reagieren.

Einflüsse durch Bewegung

Bewegung ist beim Pferd eine zwingende Notwendigkeit, denn ohne diese werden alle vitalen Körperfunktionen zu einem gewissen Grad beeinträchtigt. Hingegen werden u.a. Lunge, Verdauungsapparat, Muskelfunktion, Durchblutung und die Knochenbildung durch Bewegung günstig beeinflußt. Die Bewegung wirkt sich nicht nur über das Allgemeinbefinden, sondern direkt über eine Aktivierung der Eierstöcke auf die Fruchtbarkeit aus. Ständiger Bewegungsmangel führt zu körperlichen und nervlichen Schäden.

Die beste Möglichkeit der Bewegung bietet die Weide. Sie ermöglicht der Stute einen zwanglosen Auslauf in der frischen Luft und führt zu gutem Appetit, Gesundheit und Zufriedenheit. Die trächtige Stute sollte allerdings zur Gewährleistung ihrer Sicherheit und ihres Wohlbefindens nur gemeinsam mit anderen trächtigen Stuten oder aber alleine auf die Weide gelassen werden. Kommen tragende Stuten mit Maidenstuten, güsten Stuten oder Wallachen zusammen, die aktiver und konkurrenzfähiger sind als trächtige Stuten, kann sich dies gefährlich für eine Gravidität auswirken. Denn bei tragenden Stuten, die zu stark getrieben oder gar geschlagen werden, kann dies bereits zu einem Abort führen.

Inwieweit der Einsatz von Zuchtstuten zu Sportzwecken als positiv oder negativ zu bewerten ist, ist nur schwer zu sagen. Grundsätzlich sollte allerdings auf Spitzenleistungen und eventuell damit verbundene Überanstrengungen verzichtet werden. Aus Untersuchungen geht hervor, daß hart im Training stehende Stuten häufig ovarielle Störungen zeigen. Ebenso sind Stuten, die lange Jahre im Sporteinsatz waren und nun in die Zucht gehen sollen, nur sehr schwer trächtig zu bekommen. Das Hauptproblem liegt wohl in der Hormon- und Stoffwechselumstellung. Ein weiterer Nachteil für tragende Stuten ist auch in dem erhöhten Unfallrisiko (z.B. Stürze beim Springen) zu sehen, welches beim Turniereinsatz wohl als größer einzuschätzen ist als bei einer ausschließlichen Stall- bzw. Weidehaltung.

Den genannten Nachteilen stehen auch einige Vorteile gegenüber. Eine Zucht von Sportpferden, bei der die weiblichen Zuchttiere überhaupt nicht sportlich genutzt und ausprobiert wurden, ist mit einem zusätzlichen erblichen Unsicherheitsfaktor behaftet und verzichtet auf ein wichtiges Selektionskriterium. Durch den Einsatz der Stuten im Sport wird eine genauere Einschätzung der Erbanlagen in sportlicher Hinsicht möglich.

Werden die Stuten gezielt und gut vorbereitet in Dressur-, Material- und/oder leichteren Springprüfungen geritten, so hat dies in den ersten Trächtigkeitsmonaten keine Einwirkung auf die Gravidität. Der sportliche Test von Zuchtstuten muß ja nicht bis zum Turniereinsatz auf höherem Niveau gehen, sondern kann auch in einer reiterlichen Nutzung für Freizeitzwecke bestehen. Eine damit verbundene tägliche Bewegung bringt neben den bei der Weidehaltung angesprochenen Vorteilen auch noch eine Verminderung der Verfettungsgefahr und eine gewisse Abwechslung mit sich. Sie trägt somit zu einer Verbesserung der psychischen Ausgeglichenheit bei.

Einflüsse durch Pferdegesellschaft

Als Herdentier braucht das Pferd den sozialen Kontakt zu Artgenossen. Die Forderung nach Gesellschaft, d.h. Halten in Gemeinschaft mit anderen Pferden, ist für das psychische Wohlbefinden und für ihre *optimale Fortpflanzungsbereitschaft* besonders wichtig. Deutlich wird dies, wenn man bedenkt, daß die Trächtigkeitsquote im Herdenverbund über 90% liegt, während sie beim im Stall gehaltenen Pferd auf 70% bis 50% absinkt.

Besonders während der Paarungszeit sollte ein höchstmöglicher Zustand des Wohlbehagens sichergestellt sein, um dadurch den normalen Ablauf der Ovulation zu unterstützen. Denn in der Zeit der Rosse ist die Stute schon mehreren veränderten psychischen Einflüssen ausgesetzt.

Oftmals wird diese Grundforderung der Zuchtpferdehaltung vor allem von Hobby-Züchtern mißachtet. Diese Tatsachen werden auch aus Analysen mehrerer Gestütsaufzeichnungen erkennbar. Junge physisch und psychisch angespannte Stuten, die z.B. eine Sportkarriere beenden mußten, nehmen dann nicht auf, wenn sie keine Zeit bekommen, sich auszuruhen und mit anderen Stuten gemeinsam auf die Weide zu gehen.

Die notwendige Hygiene

Wurmkur

Eine erhebliche Gefährdung der Gesundheit der Zuchtpferde geht von dem normalerweise unvermeidlichen Befall mit Parasiten verschiedener Art aus. Überall, wo Pferde in größerer Zahl oder auf engem Raum gehalten werden, muß mit einem Auftreten von derartigen Schädlingen gerechnet werden. Dabei handelt es sich vorwiegend um Magen- und Darmparasiten sowie um Magendasseln. Diese rufen Blutarmut und Schwächezustände hervor, steigern die Anfälligkeit für andere Erkrankungen und vermindern dadurch die Leistungsfähigkeit. Starker Wurmbefall ist am häufigsten durch Abmagerung, Kolik, Anämie, Husten und vor allem durch ein stumpfes und offenes Haarkleid erkennbar. Außerdem verursacht das Auftreten von Madenwürmern einen Juckreiz am After, der die befallenen Tiere zu starkem Scheuern am Schweifansatz veranlaßt.

Zuchtstuten, die in einer derartigen Verfassung zum Hengst gebracht werden, haben nur eine geringe Aussicht, tragend zu werden. Dies wird besonders durch die Tatsache deutlich, daß sich eine Infektion neben dem Weg über den Verdauungstrakt, die Milch und die Haut auch über die Gebärmutter vollziehen kann. Besonders gefährdet sind Fohlen, die durch einen starken Parasitenbefall schwere (sogar tödliche) Erkrankungen erleiden können.

Aus diesen Gründen sind regelmäßige Beobachtungen der Tiere und ihrer Ausscheidungen auf Parasiten hin sowie hygienische Vorkehrungsmaßnahmen im Stall und auf der Weide unerläßlich. Da auch bei der Parasitenbekämpfung der Erfolg im Vorbeugen liegt, sind in regelmäßigen Abständen Untersuchungen und, falls nötig, Behandlungen zu empfehlen. Wenn man gezielt gegen die vielen möglichen Parasitenarten vorgehen will, ist es sinnvoll, hin und wieder eine Kotprobe untersuchen zu lassen und dann anschließend mit dem Tierarzt geeignete Behandlungsmaßnahmen einzuleiten.

Da ein Auftreten von Parasiten nur schwer unterbunden werden kann, sind sich ständig wiederholende Behandlungen notwendig, um den Befall der Tiere zumindest geringzuhalten und damit größere Erkrankungen zu vermeiden. Eine Bestandsbehandlung sollte deshalb regelmäßig alle drei bis vier Monate erfolgen.

Für gravide (tragende) und laktierende (milchgebende) Stuten dürfen nur solche Präparate eingesetzt werden, bei denen keine Nebenwirkungen auftreten. Die Wahl des Wurmmittels sollte, um sicherzugehen, mit dem Tierarzt abgestimmt werden. Wenn die letzte Wurmkur spätestens zwei Monate vor dem Abfohlen gegeben wird, kann die geringe, aber dennoch bestehende Gefahr einer Verfohlung vermieden werden.

Außerdem ist von Zeit zu Zeit ein Wechsel des angewendeten Mittels vorzunehmen, da die Wirksamkeit unterschiedlicher Medikamente gegen die zu bekämpfenden Wurmarten, je nach Wirkstoff, verschieden ist. Bei einem starken Wurmbefall sollte man nach vier bis sechs Wochen durch eine erneute Kotuntersuchung die Wirkung der ersten überprüfen und gegebenenfalls die Behandlung wiederholen.

Impfungen

Infektionskrankheiten stellen eines der wichtigsten Bestandsprobleme in der Pferdezucht dar und sind die Hauptursache für zahlreiche innere Erkrankungen des Pferdes und u.a. für eine große Anzahl von Trächtigkeitsverlusten.

Da das eigene Immunsystem oft zu schwach ist, um krankheitsverursachende Viren und Mikroorganismen abzuwehren, müssen gewisse Schutzimpfungen vorgenommen werden. In der Praxis sollte unbedingt regelmäßig gegen Pferdeinfluenza (seuchenhafter Husten, Hoppegartener Husten, Pferdegrippe), Rhinopneumonitis (Virusabort der Stute) und Tetanus (Starrkrampf) geimpft werden. Eine Impfung gegen Tollwut ist bei einem Weideaufenthalt in Waldnähe ratsam.

Die Pferdeinfluenza ist eine hochgradig ansteckende, fieberhafte Erkrankung, die unter den Symptomen einer Entzündung der gesamten Atemorgane verläuft. Ein vorbeugender Schutz vor den Folgen der Influenzavirusinfektion bietet nur die Behandlung mit spezifischen Influenza-Impfstoffen. Als Impfstoff haben sich »Prevacun« und »Prevacun FT« bewährt. Der Kombinationsimpfstoff »Resequin« hat eine umfassende Wirkung gegen Virusinfektionen der Atemwege bei Pferden und wird gleichzeitig als Schutzimpfstoff gegen den Virusabort bei Stuten eingesetzt.

Der Virusabort wird durch den Herpesvirus verursacht, der die oberen Luftwege von Pferden aller Altersstufen befällt und bei Stuten zwischen dem 7. und 10. Trächtigkeitsmonat zu Aborten oder zu Geburten von lebensschwachen Fohlen führt. Nach dem Befall der Nasenschleimhaut gelangt das Virus über das Lymphsystem in das Blut und breitet sich über den gesamten Organismus aus. Dabei kommt es auch zu einer Infektion der Gebärmutter und der Frucht. Das Virus vermehrt sich stark im fetalen Gewebe und verursacht dort Veränderungen, die die Frucht absterben lassen. Infiziert sich die Stute erst gegen Ende der Trächtigkeit, werden meist lebensschwache Fohlen geboren, die dann innerhalb von wenigen Stunden nach der Geburt eingehen.

Eine Bekämpfung der Rhinopneumonitis muß auf seuchenhygienischen Maßnahmen (z.B. Desinfektion, Quarantäne von fremden Stuten vor einer Neuaufstallung in den Zuchtstall) in Verbindung mit Schutzimpfprogrammen basieren. In Deutschland sind derzeit zwei Impfstoffe zur Bekämpfung des Virusabortes empfohlen: Resequin und Prevaccinol.

Desinfektion

Für die Abwehr und die Bekämpfung von Krankheitserregern, die z.T. größere Gesundheitsstörungen verursachen, sollten die Stallungen mindestens einmal im Jahr gründlich gereinigt und desinfiziert werden. Die Desinfektion ist als eine prophylaktische Maßnahme anzusehen.

Bei akuten Fällen einer Infektion muß sofort nach Räumung des Stalles die gesamte Box *sorgfältig* ausgemistet und mit einer Desinfektionslösung getränkt werden. Nach ca. einem Tag Einwirkungszeit wird mit Hilfe eines Heißdampfgerätes nachgespült, das selbst an schwer zugänglichen Stellen eine gute Reinigung ermöglicht. Außerdem tötet die Hitze des Wassers einige Parasiten (Wurmeier, Larven) ab. Zu einer umfassenden Desinfektion gehören neben der Box (einschließlich Fenster, Trog und Wassertränke) auch sämtliche Gerätschaften und Arbeitskleidungen.

Im Zuchtstall sind hygienische Maßnahmen zur Vorbeuge und Verbreitung besonders bei Stuten mit eitrigen Ausscheidungen, bakteriellen Erkrankungen der Geschlechtsorgane und nach Virusaborten wichtig. Natürlich ist auch bei Krankheiten, wie z.B. Influenza, Druse, Starrkrampf oder bei ansteckenden Erkältungen eine Desinfektion erforderlich.

Einfluß des Alters der Stute auf die Fruchtbarkeit

Der Einfluß des Alters der Stute auf die Fruchtbarkeit ist seit vielen Jahren Thema zahlreicher Untersuchungen. Für die westfälische Pferdezucht stellte Hauk die Beziehung zwischen dem Alter der Stute und dem Befruchtungsergebnis zusammen. Er wertete dabei die Ergebnisse von 8 560 Bedeckungen aus und unterschied die Trächtigkeitsresultate nach Erstbefruchtungs- und Gesamtbefruchtungsergebnis.

Seinen Berechnungen zufolge nimmt das Gesamtbefruchtungsergebnis pro Jahr um 1,53%, die Erstbefruchtungsrate um 1,20% pro Jahr ab. Das höchste Fruchtbarkeitsresultat erreichten die fünfjährigen Stuten mit 71,17%.

Beziehung zwischen dem Alter der Stuten und den Befruchtungsergebnissen

Alter der Stuten	gedeckte Stuten N	Befruchtungsergebnis in der 1. Rosse %	gesamt %
2	17	47,06	58,82
3	809	46,11	67,86
4	934	49,36	70,99
5	888	46,62	71,17
6	774	48,84	70,93
7	645	46,05	67,75
8	610	49,84	69,67
9	591	43,32	63,62
10	525	41,90	65,33
11	468	37,82	64,10
12	421	41,81	62,00
13	361	39,61	64,27
14	333	37,84	60,96
15	294	39,46	59,86
16	264	32,95	54,17
17	219	32,88	55,71
18	157	29,94	49,68
19	104	39,42	54,81
20	63	26,98	42,86
21/22	63	26,98	49,21
23-27	20	20,00	35,00

Ähnliche Ergebnisse erzielte Günzel bei seinen Untersuchungen, die er an 2 971 Stuten der hannoverschen Warmblutzucht durchführte.

Die generell besten Ergebnisse erzielte die Gruppe der fünf- bis zehnjährigen Stuten mit ca. 77,3%, gefolgt von den zwei- bis vierjährigen Stuten mit 56,5% Befruchtungserfolg. Dieser Wert ist erstaunlich niedrig, wenn man berücksichtigt, daß es sich um Maidenstuten handelt, die z.b. in der Vollblutzucht eine besonders hohe Befruchtungserwartung haben. Zu berücksichtigen ist dabei, daß die Stuten der Warmblutzucht mit bereits drei Jahren gedeckt werden, die typischen Vollblutstuten mit vier und die typischen Traberstuten erst mit acht Jahren in die Zucht genommen werden. Eine sexuelle Unreife kann daher bei den jungen Warmblutstuten nicht ausgeschlossen werden. Vermutlich besitzen diese Tiere noch eine unregelmäßig ovarielle Tätigkeit. Langrossen erschweren z.B. die Bestimmung des günstigen Bedeckungszeitpunktes, was dazu führt, daß diese Stuten überdurchschnittlich häufig belegt werden.

Durchschnittliche Befruchtungen der in Altersgruppen unterteilten Stuten aus den Jahren 1970 bis 1974	*Altersgruppen*	*Anzahl N =*	*% Befruchtung x*
	2-4	776	56,5
	5-10	1527	77,3
	11-15	521	48,4
	16-20	136	50,7
	21 u. älter	11	33,3

Minning und Weniger versuchten an Hand der Deckdaten des Niedersächsischen Landgestütes zu klären, wieviel Sprünge eine Stute bis zur Befruchtung benötigt, und wieweit das Alter der Stute diese Sprungzahl beeinflußt. Insgesamt wurden 13 465 Deckdaten ausgewertet.

Es zeigte sich, daß die Belegungshäufigkeit mit zunehmendem Alter der Stute abnimmt. Die Untersucher führen dieses eigentlich überraschende Ergebnis darauf zurück, daß die Stutenhalter ihre jungen Tiere häufiger zum Hengst führen, um eine Trächtigkeit zu erreichen. Andererseits sind Stuten, die bis ins hohe Alter konzeptionsbereit sind, als besonders fruchtbar anzusehen. Wegen ihrer Geschlechtsgesundheit und sicher auftretenden Rossen sind daher nur wenige Bedeckungen bis zu einer Befruchtung nötig.

Ein Grund für den abnehmenden Befruchtungserfolg ist darin zu sehen, daß bei der Stute mit zunehmendem Lebensalter die natürliche Abwehrbereitschaft des Organismus gegenüber Keimen sinkt. Dadurch werden die Gesundheit und die Funktionsfähigkeit der Genitalschleimhaut beeinträchtigt.

Die mit dem Alter zurückgehenden Befruchtungsraten sind auch ein Zeichen der Erschöpfung des Organismus oder die Folge gynäkologischer Erkrankungen, die die Fruchtbarkeit dauernd oder vorübergehend beeinflussen. Nach längerer Zuchtbenutzung können u.a. folgende Veränderungen am Genital auftreten:
— Inaktivität der Ovarien
— zystische Entartungen am Ovar
— Degeneration der Eizellen
— Erschlaffung des Aufhängeapparates des Uterus
— Uterusanatomie
— Pneumovagina
— Folgezustände von Paarungs- und Geburtsverletzungen an Vulva, Vagina, Zervix und Uterus (z.B. Vernarbungen, Verwachsungen, Verklebungen, Defekte)

Aus dieser Aufstellung läßt sich die Schlußfolgerung ziehen, daß die Dauer der Zuchtverwendung das Trächtigkeitsgeschehen wahrscheinlich stärker beeinflußt als das Alter der Stuten. Aus den Untersuchungen von Minning geht dieser Gesichtspunkt deutlich hervor. Die folgende Tabelle zeigt die Anzahl der Bedeckungen und Befruchtungen, verteilt nach der Abfohlzeit sowie die Befruchtungsrate, verteilt nach der Häufigkeit der Belegung.

Einfluß der Ernährung auf die Fruchtbarkeit bei Stuten

Der Einfluß der Ernährung erstreckt sich vorwiegend auf die Bildung und Ausbildung von Follikeln, auf deren Reifungsdauer sowie auf den Follikelsprung.
Daneben nimmt sie einen Einfluß auf die Gebärmutter (Beschaffenheit), auf die Förderung der Häufigkeit von Zwillingsträchtigkeiten sowie auf den embryonalen Fruchttod.

Verteilung der Befruchtungsrate
nach Belegungshäufigkeit und Abfohlzahl

Abfohlzahl	Bedeckungen n	Befruchtungen (%) nach Belegungshäufigkeit verteilt							Befruchtung insgesamt (%)
		1	2	3	4	5	6	7	
0	1429	13,50	29,79	10,91	8,53	2,52	1,26	1,33	67,81
1	1241	17,00	36,18	10,48	9,67	2,58	1,77	0,89	78,57
2	1176	16,67	39,29	12,67	9,10	2,81	1,62	1,02	83,16
3	1181	16,85	41,91	12,53	7,87	1,61	1,02	0,85	82,64
4	1216	16,20	37,25	13,40	8,47	3,37	1,32	0,90	80,92
5	1203	15,30	38,24	13,22	8,23	4,07	1,25	0,83	81,13
6	1229	14,97	35,15	13,02	8,46	4,15	1,55	1,14	78,44
7	1155	13,25	36,02	13,07	8,83	4,24	1,90	1,04	78,35
8	1087	11,78	34,77	12,60	8,74	5,15	1,47	2,21	76,72
9	1050	11,43	30,29	13,33	8,19	3,52	1,62	1,90	70,29
10	663	7,69	28,36	13,42	9,80	4,68	3,02	1,96	68,93
11	399	10,53	27,32	11,78	9,02	6,02	3,51	2,51	70,68
12	233	7,30	27,47	10,30	12,45	3,86	3,00	0,86	65,24
13	94	10,64	34,04	13,83	7,45	1,06	4,26	5,32	76,60
14	63	11,11	31,75	7,94	12,70	1,59	1,59	3,17	69,84
15	31	16,33	19,35	3,23	9,68	3,23	9,68	6,45	67,74

Die Fütterung der Pferde sollte auf dem Wissen der anatomischen und physiologischen Grundlagen der Futteraufnahme und der Futterverwertung basieren.

Verdauungsphysiologie

Die Verdauungsphysiologie umfaßt die Futteraufnahme, die mechanische Zerkleinerung und chemische Zerlegung der Nahrung, die Resorption der Nährstoffe und die Ausscheidung der unverdauten Substanzen. Das Pferd gehört ebenso wie das Rind, das Schaf und die Ziege zu den Herbivoren (Pflanzenfresser).

Der Verdauungstrakt des Pferdes kann in vier Abschnitte eingeteilt werden: Kopfdarm, Vorderdarm (Schlund und Magen), Dünndarm und Dickdarm.

Verdauung im Magen

Der geschluckte Nahrungsbrei gelangt durch die Speiseröhre in den bohnenförmigen Magen. Bei einem Fassungsvermögen von ca. 15 Litern ist der im Grunde für die Stallhaltung zu kleine Magen auf eine Aufnahme von mehreren kleinen Futterrationen angewiesen. Im Anfangsteil des Magens, der mit einer drüsenlosen Schleimhaut ausgestattet ist, findet eine erste mikrobielle Umsetzung von leichtverdaulichen Kohlenhydraten (Zucker und Stärke) und Proteinen statt. Dabei entstehen Milchsäure, kurzkettige Fettsäuren, die Eiweißspaltprodukte sowie die Gase CO_2, CH_4 und H_2.

Im drüsenreichen Teil des Magens werden Pepsin und Magensäure zum Abbau von Eiweiß gebildet. Durch die Ansäuerung wird die bakterielle Zerlegung gestoppt. Wird der Magenbrei allerdings nur ungenügend vom Magensaft durchsetzt, so geht die bakterielle Tätigkeit weiter, und es werden größere Mengen an Gasen gebildet. Da beim Pferd diese Gasmengen wegen des starken Schließmuskels zwischen Speiseröhre und Magen nicht in die Speiseröhre abgegeben werden können, kann es zu lebensgefährlichen Kolikerkrankungen kommen.

Diese Gefahr besteht vor allem bei zu großen Futterrationen, durch zu stark angeschimmeltes Futter und bei zu großen Mengen an verkleisternden Futtermitteln (Weizen, Roggen). Eine weitere Ursache für die erhöhte Gasbildung ist eine zu geringe Magensaftsekretion. Dieses kann durch eine physische und psychische Belastung kommen. Daher sollte unbedingt während den Fütterungszeiten Stallruhe herrschen und eine Beanspruchung kurz nach der Futteraufnahme vermieden werden. Nach ein bis fünf Stunden Verweildauer gelangt der Futterbrei schubweise in den Dünndarm.

Verdauung im Dünndarm

Der Magenbrei wird in dem etwa 20 m langen Dünndarm (bestehend aus Zwölffingerdarm, Leerdarm und Hüftdarm) weiter verdaut. Da beim Pferd die Gallenblase fehlt, wird der Gallensaft kontinuierlich aus der Leber durch die Gallengänge in den Zwölffingerdarm eingeleitet. Darin mündet auch der von der Bauchspeicheldrüse gebildete Pankreassaft, der die eiweißspaltenden Enzyme Trypsin und die fettspaltenden Enzyme (Lipasen) enthält.

Im Dünndarm erfolgt zunächst der enzymatische Abbau. Das Fett wird unter Einwirkung des Gallensaftes in Glyzerin und Fettsäure aufgespalten. Die

Kohlenhydrate werden bis zu den absorptionsfähigen Einfachzuckern (Fruktose, Glukose usw.) abgebaut.

Bei hohem Stärkeangebot (Kraftfutter) erreicht ein Teil jedoch unzerlegt den Blinddarm. Die durch körpereigene Enzyme nicht aufschließbaren Kohlenhydrate (Zellulose, Pentosane, Lignin usw.) passieren dagegen den Dünndarm nahezu unverändert.

Der im Magen bereits eingeleitete Abbau von Proteinen wird im Dünndarm bis zu den Endstufen, den Aminosäuren, fortgesetzt. Bis zur Einmündung des Dünndarmes in den Blinddarm passieren rund 75% der insgesamt absorbierten Aminosäuren die Darmwand.
Im Anfangsteil des Dünndarmes erfolgt auch die Absorption von Kalzium, während Phosphor überwiegend vom Dickdarm aus die Blutbahnen erreicht.

Die Verdauung im Dickdarm

Aufgrund der Größe und der Funktion des Dickdarmes des Pferdes kann er mit den Vormägen des Rindes verglichen werden. Der Dickdarm unterteilt sich in drei stark gegliederte Abschnitte: Blinddarm, Grimmdarm (großes und kleines Colon) sowie Mastdarm.

Der Blinddarm (30 Liter Fassungsvermögen) und der große Teil des Grimmdarmes (100 Liter) fungieren als Gärkammer, in denen die Bakterien und Protozoen die strukturierten Futterstoffe zersetzen.

Bei diesem Abbauvorgang entstehen flüchtige Fettsäuren (Essig-, Propion- und Buttersäure), die über die Darmwand ins Blut gelangen und zur Energiegewinnung verwendet werden. Die Höhe der Fettsäureproduktion sowie die Verteilung der einzelnen Fettsäuren ist abhängig von der Relation Rauhfutter/Kraftfutter. Bei hohen Kraftfuttergaben steigt der Propionsäureanteil an, da noch leicht vergärende Kohlenhydrate den Blinddarm erreichen. Als Folge einer unausgewogenen, d.h. einseitig zusammengesetzten und strukturarmen Ration, können z.B. Verstopfung, Koliken und Hufrehe auftreten.

Neben dem Abbau von Futterstoffen vollbringen die Mikroben des Dickdarmes auch bedeutende Syntheseleistungen. Aus den nicht im Dünndarm aufgeschlossenen stickstoffhaltigen Futterresten werden nach vorheriger

Lage der Verdauungsorgane beim Pferd. Ansicht von links (schematisiert).

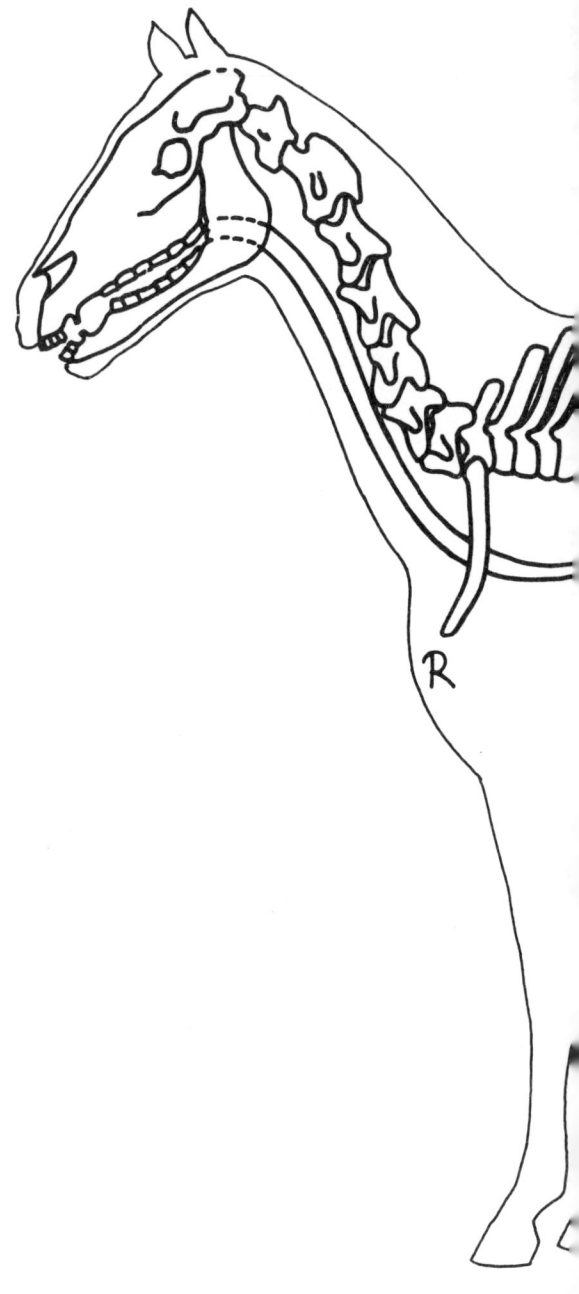

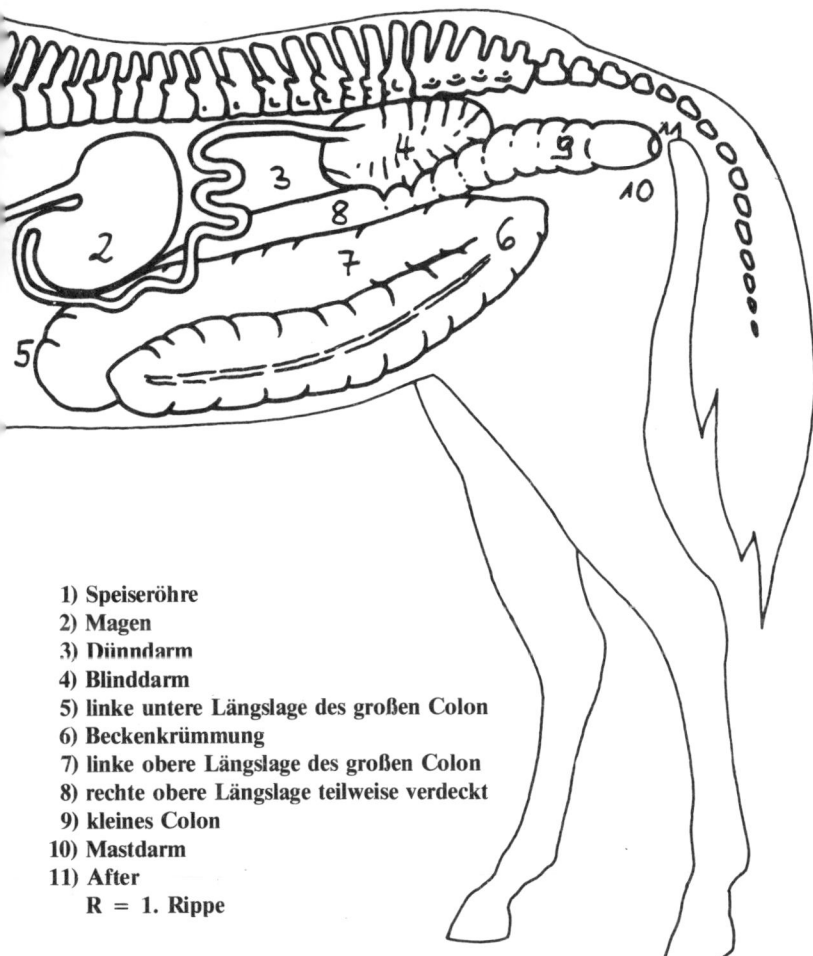

1) Speiseröhre
2) Magen
3) Dünndarm
4) Blinddarm
5) linke untere Längslage des großen Colon
6) Beckenkrümmung
7) linke obere Längslage des großen Colon
8) rechte obere Längslage teilweise verdeckt
9) kleines Colon
10) Mastdarm
11) After
   R = 1. Rippe

Dickdarmsystem des Pferdes, schematisiert

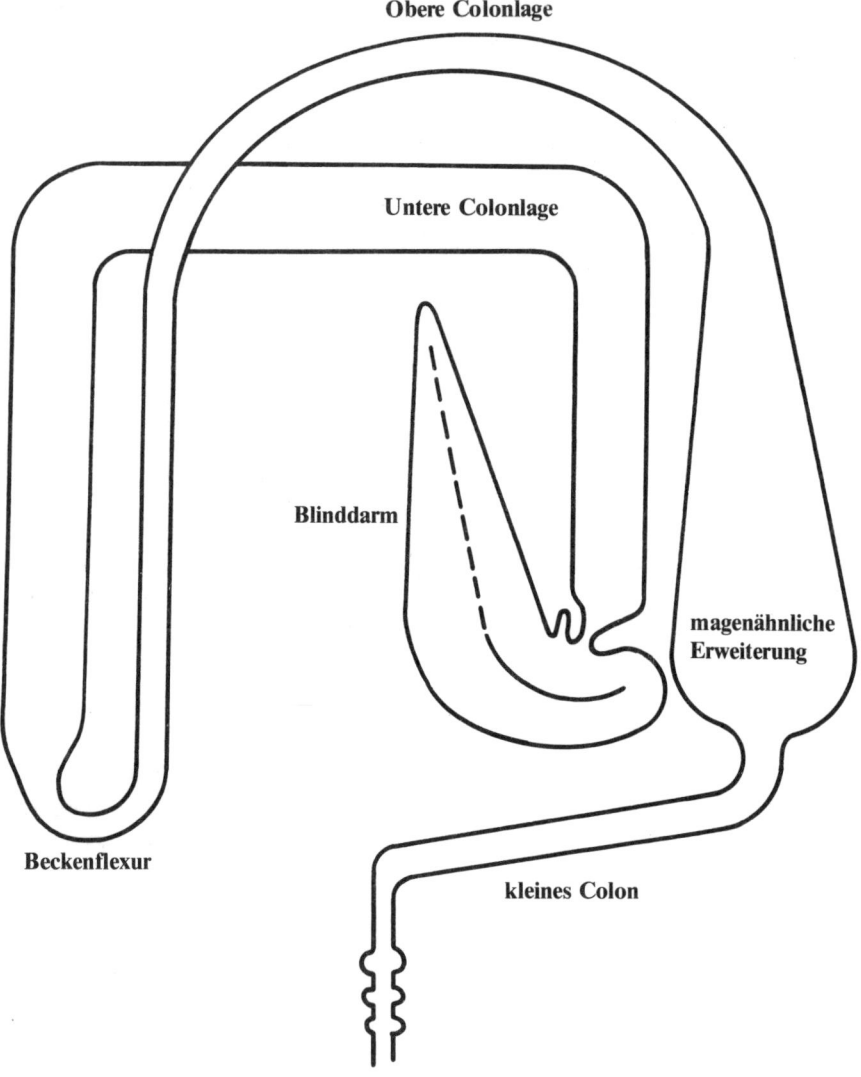

Obere Colonlage

Untere Colonlage

Blinddarm

magenähnliche Erweiterung

Beckenflexur

kleines Colon

Zerlegung körpereigene Eiweiße von hoher biologischer Wertigkeit, aber auch zahlreiche wasserlösliche Vitamine (z.B. Vitamin B-Komplex) sowie Vitamin K aufgebaut. Das ausgewachsene Pferd ist daher bei funktionsfähigem Dickdarmsystem weitgehend von der Zufuhr von essentiellen Aminosäuren unabhängig. Die sich im Blinddarm und im Grimmdarm vermehrten Bakterien und Protozoen gelangen mit dem Darminhalt in die tieferen Darmabschnitte, sterben dort ab und unterliegen wieder der Verdauung.

Im letzten Teil des Darmes, dem kleinen Grimmdarm und dem Mastdarm, wird dann dem restlichen Futterbrei das Wasser entzogen. Ist der Mastdarm gefüllt, kommt es zum reflektorischen Kotabsatz. Aussehen, Farbe, Geruch und Beschaffenheit des Kots geben wertvolle Hinweise auf die Futterverwertung und die Gesundheit des Pferdes.

Der Nährstoffbedarf

Voraussetzung für eine angepaßte Ernährung der Zuchtstute, das heißt für Erhaltung von Gesundheit und Fruchtbarkeit, ist die Kenntnis des Nährstoffbedarfs. Eine Über- bzw. Unterversorgung mit Nähr- und Wirkstoffen muß vermieden werden. Obwohl die Nährstoffbedarfswerte bei Pferden wenig wissenschaftlich untermauert sind, erlauben sie dennoch hinreichend genaue Richtwerte für die Praxis. Gleichzeitig muß aber gerade bei der Fütterung von Pferden vor einer zu schematischen Anwendung der Bedarfsrichtwerte gewarnt werden.

Energie

Der Energiebedarf setzt sich zusammen aus Erhaltungs- und Leistungsbedarf. Für die Erhaltung ist die nötige Energie in erster Linie von der Lebendmasse abhängig. Beim Erhaltungsbedarf sollten die Rasse, das Temperament, das Alter sowie die Wärmeverluste über die äußere Haut und Streßsituationen ebenfalls Berücksichtigung finden. Hier spielt also die Haltung eine große Rolle; ob der Stall warm oder kalt ist, ob der Auslauf regelmäßig oder unregelmäßig besteht, wie lange Pferde gewohnt oder ungewohnt naßkalter Witterung ausgesetzt sind, usw. Die Umstellung von der Stall- zur Weidehaltung, lange Transporte, Stallwechsel, zeitweilig verringerte Futteraufnahme infolge Futterwechsels sind weiterhin zu berücksichtigende Faktoren, die den Energiehaushalt aus dem Gleichgewicht zwischen Angebot und Nachfrage bringen können.

Von einem Leistungsbedarf bei Zuchtstuten spricht man dann, wenn die Stute nebenher noch geritten wird, wenn sie laktiert (Milch gibt) oder wenn sie sich im letzten Drittel der Trächtigkeit befindet.

Bedarfswerte Energie:
— Stute, güst. 600 kg   73 MJ verd. Energie
— Fohlenstute erste 4 Wochen
nach dem Abfohlen, 600 kg   137 MJ verd. Energie

Die genannten Bedarfswerte können, wie schon erwähnt, nur Anhaltspunkte sein. Hier werden sehr stark die Erfahrung, das Gefühl und das Auge des Züchters in der Beurteilung des Zustandes seiner Stute gefordert.

Häufige Fruchtbarkeitsstörungen bei güsten Stuten resultieren oft aus einer viel zu üppigen Verfassung, der sogenannten Mastkondition. Das Abspecken der Stute durch größere Arbeitsleistung oder/und durch eine gedrosselte Futtermenge sollte jedoch zum Jahreswechsel bereits abgeschlossen sein. Durch eine auf 80% gedrosselte Energieversorgung im Zeitraum Oktober bis Dezember erreicht man häufig zusätzlich eine für diese Jahreszeit wünschenswerte Zyklusruhe.

Eine auf 120% des Bedarfs erhöhte Energieversorgung während der ersten Monate des neuen Jahres regt die Zyklustätigkeit und somit auch die Eierstockfunktion stark an. Man spricht hier von der sogenannten »Flushing-Fütterung«. Ist es allerdings versäumt worden, die Stute schlank und rank in die Vorbereitung auf eine neue Decksaison zu bringen, so ist es während der Decksaison zu spät, Versäumtes nachzuholen. Die güste Zuchtstute, die also nicht abgespeckt hat, sollte dann nicht mehr auf Schonkost gesetzt werden, weil sie dann normalerweise nicht zu einem ausgeprägten, regelmäßigen Zyklus kommen kann, wenn sie ihre Fettreserven mobilisieren muß.

Der Züchter kann also bereits mit Jahreswechsel, ähnlich wie beim Weideaustrieb, über eine verstärkte Energiezufuhr, aber auch durch andere Nähr- und Wirkstoffe die Eierstockfunktion seiner Stute vermehrt unterstützen. Wird die Rosse nicht über eine entsprechende Fütterung und Haltung gefördert, sind die Chancen vieler güster Stuten auf eine Trächtigkeit oft erst bei Bedeckung nach dem Weideaustrieb gegeben. Aus vielerlei Gründen möchte man güste Stuten jedoch bereits früh im Jahr dem Hengst zuführen und möglichst auch trächtig haben.

Das Ziel eines jeden Züchters ist es, nach der Geburt eines Fohlens eine neue Trächtigkeit der Stute anzustreben. Die erhöhte Milchleistung für das Fohlen tritt aber in Konkurrenz zu einer neuen Trächtigkeit. Deshalb sollte bereits wenige Tage vor der Fohlenrosse (9. Tag nach der Geburt) die höhere Nährstoffversorgung zum Tragen kommen, weil dann das Fohlen sich noch mit einer geringeren Milchleistung zufrieden gibt und der durch die erhöhte Futtergaben erreichte Überschuß an Nährstoffen die Eierstockfunktion stimulieren kann. Gelingt es nicht, die Stute in den ersten Tagen nach der Geburt genügend zu füttern, bleibt nicht selten die Fohlenrosse aus. Eine Fohlenstute, die nun intensiv über die Fütterung auf die Fohlenrosse hin vorbereitet wurde, muß diese ausgebaute Futterration bis zur 6. bzw. 7. Trächtigkeitswoche weiterhin erhalten, weil sich dadurch die Resorptionsgefahr vermindert.

Ein weiteres Problem ist die Überfütterung der tragenden Stuten. Durch die entstehende Verfettung kommt es häufig zu Schwergeburten, die zu Verletzungen des Genitalapparates (Muttermund und Scham) führen können.

Stuten, die Zwillinge angesetzt haben oder zu Zwillingsgeburten neigen, sollten in den ersten zwei Trächtigkeitsmonaten sehr energiearm gefüttert werden, um die Resorption einer Zwillingsfrucht nicht zu verhindern, sondern zu provozieren.

Eiweiß

Eiweiß ist ein Baustein für viele körpereigene Substanzen und hat eine besondere Bedeutung während der Hauptwachstumsphase, der Trächtigkeit, der Bildung von Muskelmasse und der Milchleistung. Eine Mindestmenge Eiweiß ist für die Bakterienflora des Dickdarmes lebenswichtig.

In den meisten Rationen der Pferdefütterung jedoch ist ein Eiweißüberschuß vorhanden. Bevor der Pferdehalter im Extremfall eine Eiweißüberversorgung erkennt (Durchfall, Hufrehe), ist es bereits zu starken Belastungen des Stoffwechsels und zu Fruchtbarkeitsstörungen gekommen.

Eine höhere Eiweißversorgung zur Unterstützung der Rosse sollte lediglich der Fohlenstute nach der Geburt gegeben werden. In dieser Phase nimmt das Fohlen noch nicht so viel Milch auf, und das nicht verbrauchte Eiweiß regt die Eierstockfunktion der Stute an. Wird dem erhöhten Eiweißbedarf der Fohlenstute nicht Rechnung getragen, tritt häufig eine Funktionslosigkeit der Eierstöcke (Säugeanaphrodisie) ein.

Bedarfszahlen Eiweiß:
— Stute, güst. 600 kg,
Erhaltungsbedarf   360 gr. verd. Eiweiß
— Fohlenstute erste 4 Wochen
nach dem Abfohlen, 600 kg   1210 gr. verd. Eiweiß

Vitamine

Experimentell ermittelte Vitaminbedarfswerte liegen vom Pferd nur zum Teil vor. Wie schon bei der Verdauungsphysiologie erwähnt, synthetisieren die Mikroorganismen im Blind- und Grimmdarm Vitamine des B-Komplexes sowie Vitamin K. Man unterscheidet zwischen fettlöslichen (A, D, E und K) und wasserlöslichen (B und C) Vitaminen, wobei die Pferde vor allem auf die Zufuhr der fettlöslichen Vitamine angewiesen sind.

Vitamin	Wirkungsbereich und Aufgabe	Erscheinungen bei Mangel
A	Schutz der Haut und Schleimhäute, Knochenbauregulation	Erhöhte Infektionsgefahr, Druck auf Nerven, Sehstörungen
D	Aufbau und Stoffwechsel des Skeletts und der Zähne, Regulation des Kalzium-Phosphorhaushaltes	Knochenweiche, Knochenmißbildungen
E	Aufbau und Funktion von Herz- und Skelettmuskulatur, Regulation	Sterilität
B_1	Steuerung des Kohlenhydratstoffwechsels	Schlechte Futteraufnahme und Futterverwertung
B_2	Regulation im Augenbereich	Bindehautentzündung, Tränenfluß
B_6	Regelt den Stoffwechsel der Aminosäuren	Störungen, Anämie, Leistungsschwäche

Die Vitamine A, D und E sind fettlöslich, B_1, B_2 und B_6 wasserlöslich.

Aus Untersuchungen geht hervor, daß die Speicherfähigkeit einem Erhaltungsbedarf von etwa drei bis vier Tagen entspricht, woraus man schließen kann, daß bereits im Winter Mangelsituationen auftreten können, die sich zum Frühjahr hin noch verstärken. In diesem Zusammenhang ist in diesen kritischen Perioden eine über den Bedarf hinausgehende ß-Carotin-Versorgung pro Tag von wenigstens 500 mg zu empfehlen.

ß-Carotin

Innerhalb des Vitamin-Komplexes spielt die Vorstufe des Vitamines A, das ß-Carotin, eine wichtige Rolle für die Beeinflussung der Fruchtbarkeit bei Zuchtstuten. Das ß-Carotin wird nach oraler Aufnahme teilweise in Vitamin A umgewandelt und ist bei freilebenden Pflanzenfressern die einzige Quelle für dieses Vitamin.

Durch klinische Beobachtungen konnten neben dieser Provitaminfunktion weitere z.t. selbständige Wirkungen des ß-Carotins nachgewiesen werden. Dabei basieren vor allem die während der Stallperiode auftretenden Fruchtbarkeitsprobleme, auf einem in dieser Zeit bestehenden ß-Carotin-Mangel. Im einzelnen wurden schwache Brunstsymptome, verlängerte Brunst, verzögerter Follikelsprung, Gelbkörperschwäche und ein vermehrtes Auftreten von Eierstockzysten mit einem ß-Carotin-Mangel in Zusammenhang gebracht.

Dieser Mangel kommt vor allem im Winter und Frühjahr zum Ausdruck und hängt mit der Struktur des Carotinmoleküls zusammen. Aufgrund seiner sehr vielen Doppelbindungen ist es insbesondere gegenüber dem Luftsauerstoff sehr labil. Außerdem können Futterkonservierungs- (Heugewinnung und Silierung) und Behandlungsmaßnahmen (Pelletierung) zu unterschiedlich starken Einbußen des ß-Carotins führen.

Diese Fütterungsmaßnahmen sollten zeitlich so getroffen werden, daß die zu erwartenden ersten Rossen züchterisch genutzt werden können. Kurzfristige Futtermengen bis zu 1.000 mg ß-Carotin pro Tier und Tag bei güsten Stuten zur sogenannten »Flushing-Methode« haben sich als positiv erwiesen.

Bei Blutuntersuchungen (Stallhaltung/Weidehaltung) konnte bei Pferden mit Weidegang ein erheblicher ß-Carotin-Spiegel von Mai bis zumindest

Oktober nachgewiesen werden. In der anderen Zeit muß der entstehende Mangel, um Fruchtbarkeitsstörungen zu vermeiden, über die Zufütterung von ß-Carotin behoben werden.

Bedarf ß-Carotin: ca. 300 mg pro Tier/Tag

Vitamin A

Dieses fettlösliche Vitamin hat neben seiner Bedeutung für den Sehvorgang und für das Knochenwachstum vor allem noch eine Bedeutung für die Epithelien (Deckzellen der Haut). Ein Mangel verursacht eine Verhornung sowohl der äußeren als auch der inneren Schleimhäute. Eine Schleimhautveränderung an den Geschlechtsorganen hat zur Folge, daß die Konzeptionsbereitschaft weiblicher Tiere leidet.

Daneben wird Vitamin A auch für den Stoffwechsel der Geschlechtshormone benötigt. Ein Mangel verzögert die Rückbildung des Gelbkörpers. Bei tragenden Stuten führt ein Vitamin A-Mangel zu einer ungenügenden Auskleidung der Gebärmutter, was zu Fertilitätsstörungen (Absterben der Frucht) führen kann. Das Vitamin A wird aus dem ß-Carotin vom Tier selbst gewonnen. Im Mittel werden beim Pferd aus 1 mg ß-Carotin etwa 400 bis 500 I.E. Vitamin A gebildet.

Bedarf Vitamin A: 50.000 I.E. pro Tier/Tag

Vitamin E

Vitamin E ist für die Steuerung des Kohlenhydrat-, des Kreatin- und des Muskelstoffwechsels zuständig. Regulierend wirkt es auf die Entwicklung und Funktion der Keimdrüsen sowie den Hormonstoffwechsel. Wegen seiner Aufgabe für die Vorbereitung und den Schutz der Trächtigkeit wird es häufig auch als Fruchtbarkeits- und Fertilitätsvitamin bezeichnet. Bei einer Versorgung des Pferdes mit Grünfutter ist der Vitamin E-Bedarf stets gesichert. In der Stallfütterungsperiode kann es zu Engpässen kommen, die aber durch ein vitaminisiertes Mineralfutter einfach behoben werden können.

Bedarf Vitamin E: 180 mg pro Tier/Tag

Die Vitamine K, C, D sowie die Vitamine des B-Komplexes spielen für die Fruchtbarkeit eine untergeordnete Rolle.

Mineralstoffe

Neben der Erfüllung der Bedarfsnormen sollte man besonders auf das Ca/P (Calcium/Phosphor)-Verhältnis, das zwischen 1,5:1 und 3:1 liegen sollte, achten, da dieses einen direkten Einfluß auf die Fruchtbarkeit hat.

Fällt das Ca/P Verhältnis in der Ration unter 1,2:1 ab, findet man manchmal übergroße, funktionslose Eierstöcke, wohingegen das Scheidenbild dem einer Rosse entspricht. Dies trifft in erster Linie auf güste Stuten zu. Nach einer Korrektur auf 1,5:1 ist mit einer Normalisierung des gynäkologischen Befundes innerhalb von drei bis vier Wochen zu rechnen.

Zu achten ist aber auf eine vorsichtige Steigerung des Calciumgehaltes, da bei einer erheblich über dem Bedarf liegenden Calciumzufuhr eine Verschlechterung der Aufnahme von Phosphor, Magnesium, Eisen, Zink und Mangan eintritt. Umgekehrt kommt es bei einem Ca/P Verhältnis unter 1:1 zu einer erhöhten Aufnahme von Mangan, welches seinerseits wiederum zu Störungen der Fruchtbarkeit führt.

Bedarfszahlen der wichtigsten Mengenelemente (pro Tier/Tag):

	güst	*Fohlenstute*
Calcium	25 g	52 g
Phosphor	15 g	41 g
Natrium	15 g	18 g

Für die praktische Fütterung sind folgende Spurenelemente von Bedeutung: Eisen, Zink, Kupfer, Mangan, Jod und Selen. Speziell für die Fruchtbarkeit spielen aber nur einzelne eine gewisse Rolle. Zu erwähnen wäre hier Mangan, das für die Eierstockfunktion benötigt wird. Bei einem starken Überangebot kann es ebenfalls zu Störungen des regelmäßigen Ablaufes der Geschlechtsfunktionen kommen.

Kupfermangel wird unter anderem auch durch Fruchtbarkeitsstörungen deutlich. Stellt man einen verminderten Geschlechtstrieb am Pferd fest, so kann man dies auf eine Jodunterversorgung zurückführen. Fehler in der Spurenelementversorgung sind bei normalen Fütterungsverhältnissen jedoch sehr selten.

Bedarfszahlen der wichtigsten Spurenelemente (pro Tier/Tag):

	güst	*Fohlenstute*
Zink	300,0 mg	500,0 mg
Kupfer	50,0 mg	100,0 mg
Mangan	200,0 mg	300,0 mg
Jod	1,5 mg	2,0 mg
Eisen	250,0 mg	350,0 mg

Praktische Rationsempfehlungen

Das folgende Rationsbeispiel soll ein Anhaltspunkt für eine artgerechte Fütterung sein. Diese Rationen stellen nur einen Rahmen dar und sind sehr stark vom einzelnen Individuum abhängig. Ständiger Kontakt zum Pferd und eine genaue Beobachtung helfen dabei. Hier sind nun vor allem die Erfahrung und das Fingerspitzengefühl des Stutenhalters gefragt.

»Ration Gestüt Birkhof«

Futtermittel	verd. Energie MJ	g verd Protein	g Ca	g P	g Mg
5,0 kg Hafer	50,00	430,00	5,30	15,45	7,00
0,8 kg Trockenschnitzel	9,88	38,40	6,81	0,80	2,00
2,0 kg Haferstroh	11,00	20,00	7,00	2,40	2,20
6,0 kg Heu	42,00	222,00	24,00	10,20	6,60
320,0 g Leinmehl	3,60	79,40	1,27	2,70	1,82
320,0 g Weizenkleie	3,00	34,24	0,50	3,60	1,72
160,0 g Gerstenschrot	1,98	13,44	0,10	0,57	0,17
160,0 g Bierhefe	2,68	66,00	0,43	2,15	0,29
insgesamt	124,10	903,00	45,00	37,87	21,80

Auffallend in den Rationen ist der Einsatz von Leinsamen, Bierhefe, Trockenschnitzeln, Weizenkleie, Luzernegrünmehl und Möhren. Leinsamen und Bierhefe haben sich zur Förderung des Haarwechsels und auch zur Optimierung der Funktionsvorgänge im Dickdarm bewährt. Dem Haarwechsel ist in bezug auf die Fruchtbarkeitsbereitschaft eine besonders hohe

Bedeutung zuzumessen, da häufig das äußere Erscheinungsbild der Stute mit dem erhobenen gynäkologischen Befund einhergeht.

Leinsamen weist einen hohen Anteil an Fett (36%), Eiweiß (25%) und Schleimstoffen auf. Leinsamen wirkt infolge des hohen Ölgehaltes leicht abführend. Der hohe Fettanteil ruft die glänzende Wirkung des Felles hervor.

Ein unerwünschter Inhaltsstoff des Leinsamens ist Linamarin, welches in feuchtem Milieu giftige Blausäure abspaltet. Daher ist es wichtig, Leinsamen trocken zu lagern und zu verfüttern, oder, und das ist wohl die am meisten verbreitete Art der Leinsamenfütterung, das Kochen (5 bis 10 Minuten) der Leinsaat. Dabei kommt es zu einer Entgiftung der Körner, und die Schleimstoffe aus der Schale werden frei zur Resorption.

Bei Bierhefe ist nicht nur der Gehalt an vielen hochwertigen Vitaminen (u.a. B_1, B_2 und B_6), Aminosäuren, Mineralstoffen und Spurenelementen von Bedeutung, sondern die hochwertigen Wirkstoffe greifen fördernd und regulierend in viele Stoffwechselvorgänge ein. Beim Pferd ist die stabilisierende Wirkung der Bierhefe auf die Darmflora im Dickdarmbereich und die daraus resultierende höhere Nährstoffausnutzung von besonderer Bedeutung.

Trockenschnitzel (Melasse) besteht aus 50% Zucker und ist mit über 14 MJ verdaulicher Energie je kg Trockensubstanz energiereich. Bedingt durch den hohen Zuckergehalt wird Melasse vom Pferd gern aufgenommen. Außerdem soll ihre leicht abführende Wirkung (viel Kalium und Natrium) die Häufigkeit von Koliken senken.

Von den Mühlennachprodukten spielt die Weizenkleie in der Pferdefütterung die größte Rolle. Durch ihren hohen Schalenanteil ist sie sehr rohfaserreich. Darüber hinaus weist sie einen hohen Eiweiß- und Vitamingehalt auf. Weizenkleie wird von den Pferden gern gefressen und besitzt einen abführenden Effekt.

Luzernegrünmehl ist in erster Linie Carotin- und Vitamin E-Träger. Der Carotingehalt der Luzerne schwankt je nach Erntezeitpunkt, Lagerungsdauer und Lagerungsbedingungen.

Neben Luzernegrünmehl sind Möhren gute Carotinträger. Unter den diätetischen Futtermitteln enthalten sie neben viel Vitamin E am meisten Carotin. Die in ihr enthaltenen Kohlenhydrate bestehen zur Hälfte aus Zucker, worauf der gute Geschmack zurückzuführen ist. Deswegen werden Möhren besonders bei schlechtfressenden Pferden eingesetzt. Bei der Verfütterung ist darauf zu achten, daß weder verschmutzte noch verfaulte oder ausgekeimte Möhren verabreicht werden.

Kapitel II

Ständige Kontrolle — gesicherte Fortpflanzung

Die Deckhygiene

Neben den günstigen Haltungsbedingungen, die der Züchter seiner Stute bieten sollte, muß er zudem sein Zuchtmaterial aus medizinischer Sicht optimal auf die Fortpflanzung vorbereiten. Voraussetzung dafür ist, insbesondere bei Problemstuten, eine intensive tierärztliche Betreuung.

Tupferprobe

Die mikrobielle Untersuchung von Abstrichen aus dem Genitalbereich (Tupferprobe) nimmt seit Jahren einen festen Platz in der gynäkologischen Untersuchung des Pferdes ein.
Bei den Pferden werden mikrobiell verursachte Fruchtbarkeitsstörungen vornehmlich von pathogenen (krankmachend) Keimen ausgelöst, deren Krankheitsbilder klinisch nicht zu differenzieren sind. Die mikrobielle Information gehört daher zur Routineuntersuchung, da gezielte antibiotische Behandlungen auf der Kenntnis der zu bekämpfenden Keimart basieren müssen.

Die Tupferprobe wurde in den Zuchthygienebestimmungen wie folgt geregelt:

I. Zur Bedeckung ohne besondere tierärztliche Untersuchung sind zugelassen:

a) Maidenstuten, d.h. mit Sicherheit noch nicht gedeckte Stuten bis zum Alter von 4 Jahren

b) Stuten mit Fohlen bei Fuß nach normal verlaufener Geburt

II. Nicht zur Bedeckung zugelassen sind Stuten, die

a) sichtbar geschlechtskrank sind oder verfohlt bzw. ihre Frucht resorbiert haben

b) nicht normal gefohlt haben (Schwergeburt, Nachgeburtsverhalten, gestörte Nachgeburtsperiode)

c) güst geblieben sind oder güst aus anderen Zuchtgebieten zugekauft wurden

d) in der laufenden Deckzeit zweimal umgeroßt haben.

Die unter II. genannten Stuten dürfen erst dann gedeckt werden, wenn durch tierärztliches Attest (Stutenpaß) bescheinigt wird, daß aufgrund der klinischen Untersuchung und der bakteriologischen Untersuchung einer Zervixtupferprobe keine Bedenken bestehen. Ist aufgrund des klinischen und/oder des bakteriologischen Befundes eine Behandlung erforderlich, so ist deren Erfolg etwa 14 Tage später durch eine erneute Tupfereinsendung zu kontrollieren.

Die Zervixtupferprobe, die mit richtigem Namen eigentlich Uterustupferprobe heißen müßte, hat sich in der Praxis durchgesetzt. Bei dieser Untersuchungsmethode wird ein Abstrich von der Uterusschleimhaut entnommen. Man bemüht sich dabei, ohne äußere Verschmutzung, denjenigen Keimgehalt zu ermitteln, der in dem Muttermund und/oder der Gebärmutter vorhanden ist.

Durch eine vorschiebbare Schutzhülle verdeckt, wird der Tupfer eingeführt. Dadurch soll eine Verschmutzung, vor allem bei der Passage durch den Scheidenvorhof und Zervix, vermieden werden. Hat die Spitze des Instrumentes das Scheidengewölbe erreicht, zieht der Operateur die Schutzhülle zurück und führt den Tupfer unter Zuhilfenahme einer Zervixzange durch den Muttermund in das Gebärmutterlumen ein. Bei der Rücknahme des Tupfers wird dieser, für diese Passage durch den Vorhof, erneut mit der Schutzhülle verdeckt.

Die Tupferentnahme sollte möglichst während der Rosse durchgeführt werden, da in diesem Stadium der Muttermund etwas geöffnet ist und somit eine genaue Feststellung der pathogenen Keime im Uterus erleichtert wird.

Die Mehrzahl der als Unfruchtbarkeitsursachen beim Pferd in Betracht kommenden Keime, insbesondere ß-hämolisierende Streptokokken, sind Begleitkeime und können regelmäßig als Saprophyten, z.b. auf den Nasenschleimhäuten, den Lidbindehäuten sowie in der Umgebung der Schamlippen und des Afters angetroffen werden. Selbst im Genital können sie vorkommen, ohne zu stören. Das ist häufig nach einer Geburt der Fall. Aber auch nach einer Paarung muß damit gerechnet werden. Aus diesem Grund sollte ein Abstand von 9 Tagen bei der Entnahme einer Tupferprobe nach einer Geburt bzw. einer Paarung eingehalten werden.

Dadurch wird sichergestellt, daß Keime, die die Geschlechtsgesundheit des Tieres nicht beeinträchtigen, zwischenzeitlich durch die bakterielle Wirkung des Gebärmutterschleimes vernichtet werden könnten. Sind nach 9 Tagen aber noch solche Keime vorhanden, waren offenbar weitere Ursachen wirksam, die die Entwicklung krankmachender Eigenschaften begünstigen, und eine Behandlung ist erforderlich.

Die Tupferprobe aus dem Klitorisbereich, die gegenüber der Zervixtupferprobe einfacher, schneller und günstiger ist, hat sich als nicht aussagekräftig genug herausgestellt. Es hat sich gezeigt, daß der Keimgehalt aus der Klitoris in hohem Grade umweltbeeinflußt und für die Beurteilung der entscheidenden mikrobiellen Situation in der Zervix und im Uterus ungeeignet ist.

Zykluskontrolle

Beim Pferd liegt die biologische Paarungszeit in den Monaten April und Mai. Die sich in diesem Zeitraum zwangsläufig einstellende hohe Bedeckungsfrequenz führt einerseits zur samenbiologischen Erschöpfung des Hengstes, zum anderen kommt es zu einem erheblichen Anstieg der genitalen Keimbesiedelung bei Hengst und Stute. Zusätzlich verschlechtern sich mit steigender Zahl der Bedeckung pro Stute und Jahr die Trächtigkeitsaussichten.

Durch die Zyklusüberwachung wird das Auffinden des günstigsten Bedeckungszeitpunktes (in Eisprungnähe) möglich, was eine Reduzierung der Sprungzahl und eine gleichzeitig damit verbundene Verminderung der

Keimzahl zur Folge hat. Fruchtbarkeitsbeeinträchtigende Faktoren wie Funktionsstörungen der Eierstöcke, Fruchtresorption und »stille« Rossen können durch die Zykluskontrolle ebenfalls frühzeitig erkannt und behandelt werden.

In der zuchthygienischen Praxis hat sich neben der rektalen Follikelkontrolle auch die Bestimmung des Progesteronspiegels bewährt. Diese Untersuchungsmethode wird erst seit einigen Jahren durchgeführt.

Follikelkontrolle

Bei dieser manuellen, rektalen Untersuchungsmethode werden die Ovarien auf ihren Funktionszustand hin abgetastet. Dabei lassen sich Größe und Konsistenz der einzelnen Funktionsgebilde (Follikel, Gelbkörper) sowie pathologische Befunde (Follikel- bzw. Gelbkörperzysten) feststellen.

Die Untersuchungsbefunde werden nach dem Merkblatt 28 der Klinik für Andologie und Besamung, Tierärztliche Hochschule Hannover, wie folgt eingeteilt:

a) Größe der Follikel

Ha =	haselnußgroß	Durchmesser ca.	1,0 — 1,5 cm
K =	kirschgroß	Durchmesser ca.	2,0 cm
W =	walnußgroß	Durchmesser ca.	3,0 cm
H =	hühnereigroß	Durchmesser ca.	5,0 — 6,0 cm
E =	enteneigroß	Durchmesser ca.	6,0 — 7,0 cm
G =	gänseeigroß	Durchmesser ca.	7,0 — 8,0 cm
F =	faustgroß	Durchmesser ca.	10,0 cm

(Dazwischenliegende Befunde werden durch ein zusätzliches » + « oder »-« gekennzeichnet.)

b)

1 = hart und fest
2 = prall, Fluktuation schon feststellbar
3 = sehr deutliche aber noch gespannte Fluktuation
4 = weiche Fluktuation
5 = knetbar, lappig weich (frisch ausgelaufener Follikel)

Die Größe des reifen Follikels ist bei den Stuten individuell verschieden. So kommen bereits bei einem Größenbefund des Follikels von »W« (walnuß-groß/hormonell bedingte Mindestgröße für einen Eisprung), andere dagegen erst bei einem Befund von »E« (enteneigroß) zur Ovulation.

Um das Ziel der Follikelkontrolle, nämlich eine möglichst genaue Vorhersage des Zeitpunktes des Eisprunges, zu erreichen, sind folgende Grundsätze zu beachten:

— die Follikelkontrolle sollte immer von ein und demselben (geübten) Tierarzt durchgeführt werden. Der Tierarzt kennt somit die Entwicklung des Funktionszustandes der Follikel;
— bereits eine Rosse vor der gewünschten Bedeckung wäre es von Vorteil, wenn der Zyklusverlauf untersucht und aufgezeichnet werden würde;
— die Follikelkontrolle sollte in einem Rhythmus von 24 Stunden durchgeführt werden. Gegen Ende der Rosse muß das Untersuchungsintervall auf ca. 12 Stunden reduziert werden. Dieser Punkt spielt u.a. bei der künstlichen Besamung eine Rolle.

Bei der Follikelkontrolle wird gleichzeitig die Zustandsform der Gebärmutter mit untersucht.

a) Größe der Gebärmutter
G I   = klein, Gebärmutterhörner etwa daumenstark
G II   = mittelgroß, Gebärmutterhörner etwa kinderarmstark
G III = groß, Gebärmutterhörner etwa unterarmstark

Solange die Gebärmutter im Bereich G I (normalerweise bei Maidenstuten) bis G III (bei Fohlenstuten), symmetrisch und gut durchtastbar ist, kann man von einem normalen Zustand reden. Geht der Befund allerdings über die Größe III hinaus, so ist die Fruchtbarkeit aufgrund krankhafter Veränderungen (Pyometra, Gebärmuttersenkung) gefährdet.

b) Kontraktionsbereitschaft der Gebärmutter
K I   = schlaff, wenig kontraktionsbereit
K II   = mäßig kontraktionsbereit
K III = stark und schnell kontraktionsbereit
K IV   = dauernd kontrahierend

Die Gebärmutterkontraktionsbereitschaft schwankt während der Rosse zwischen K I und K II. K III weist bereits auf eine Frühträchtigkeit hin. Der

Befund K IV wird sowohl bei einer erhöhten Sensibilität, einer Frühträchtigkeit, aber auch bei Entzündungen der Gebärmutter diagnostiziert.

Progesterontest

Seit 1975 sind mit Hilfe dieser Untersuchungsmethode eine Überwachung der Rosse, eine Zykluskontrolle sowie eine Trächtigkeitskontrolle möglich. Durch die Weiterentwicklung immunologischer Meßverfahren kann man heute Hormone selbst schon in geringsten Konzentrationen im Blut (bei laktierenden Stuten auch aus der Milch) messen. Das Trächtigkeitsschutzhormon Progesteron wird vom Gelbkörper am Eierstock gebildet. Die Höhe des Progesteronspiegels gibt Aufschluß über das jeweilige Zyklusstadium oder ob eine Trächtigkeit vorliegt.

Die Progesteronwerte sind während der Rossephase sehr niedrig. Bereits 24 Stunden nach dem Eisprung (Tag 0) beginnen sie, sehr schnell anzusteigen. Um den 4. bis 5. Rossetag erreichen sie die Maximalwerte. Der Progesteronspiegel pendelt dann auf einem hohen Niveau. Bei einer zyklusgesunden bzw. nicht tragendgewordenen Stute fällt die Progesteronkonzentration um den 15. Tag nach der Ovulation wieder steil ab.

Bei einer tragenden Stute sinkt die Konzentration nicht ab, sondern bleibt auf ihrer Grundhöhe. Aus Untersuchungen geht hervor, daß der Tiefstwert bei tragenden Stuten nie unter 2 ng/ml abfällt.

Bei der Zykluskontrolle mit Hilfe des Progesterontests liegt durch eine zwei- bis dreimalige Probeentnahme im wöchentlichen Abstand ausreichend genaue Kenntnis über das jeweilige Zyklusstadium vor. Weisen alle Proben hohe Progesteronkonzentrationen auf, so ist ein Gelbkörper oder eine Gelbkörperzyste vorhanden. Kann eine Trächtigkeit durch eine rektale Untersuchung ausgeschlossen werden, muß der Gelbkörper durch eine Hormonbehandlung (Prostaglandin) zur Auflösung gebracht werden, damit eine neue Rosse einsetzen kann.

Niedrige Progesteronmengen deuten auf eine Funktionslosigkeit der Eierstöcke oder auf eine Dauerrosse mit eventueller Follikelzystenbildung am Eierstock hin. Auch hier kann mit Hilfe einer Hormongabe (Östrogen) das Einsetzen des Zyklus bewirkt werden.

Unterschiedlich hohe Analysewerte an den verschiedenen Untersuchungstagen geben einen Hinweis auf einen normal ablaufenden Zyklus. Bei der

Überwachung der Rosse kann der Progesterontest zur Klärung strittiger Fragen ebenfalls eingesetzt werden. So kann es trotz äußerlich erkennbarer Rossesymptome vorkommen, daß kein reifer Follikel zur Ovulation ansteht. Wird die Stute aufgrund dieser äußeren Anzeichen gedeckt, kann keine erfolgreiche Befruchtung stattfinden, und es kommt zu einer Fehlbedeckung. Ergibt der Progesterontest in einem solchen Fall einen niedrigen Wert, besteht die Aussicht auf eine mögliche Befruchtung. Bei einem hohen Wert ist auf eine Scheinrosse zu schließen, bei der eine Bedeckung sinnlos wäre.

Auch im Fall ungenügend ausgeprägter Rossesymptome gibt der Test eine wertvolle Hilfe. Sind die Rosseanzeichen nur schwach ausgeprägt, kann bei niedrigen Progesteronwerten eine Bedeckung dennoch zur Befruchtung führen. Bei hohen Progesteronkonzentrationen ist mit Gewißheit keine Rosse vorhanden.

Der Vorteil dieser Methode liegt in der Dauer der Analyse. Bereits einen Tag, nachdem das Blut vom Tierarzt abgenommen und in einem isolierten Blutröhrchen als Eilbrief in ein Institut geschickt wurde, erhält man von diesem telefonisch oder brieflich eine Nachricht. Im praktischen Zuchtbetrieb muß nun aber nicht bei jeder Stute vor dem Decken ein Progesterontest durchgeführt werden, insbesondere nicht bei Stuten, die eine deutliche und regelmäßige Rosse zeigen. Dagegen kann sich eine Untersuchung bei allen güsten Stuten und Stuten mit fehlender und indifferenter Rosse sowie anderen Rossestörungen durchaus lohnen.

Der Progesterontest trägt zusätzlich zur besseren Beurteilung von nicht eindeutigen Befunden bei diversen inneren Untersuchungen, vor allem bei der rektalen Untersuchung der Stuten, bei. Die Progesteronmethode sollte daher als Ergänzung zur manuellen Follikelkontrolle gesehen werden.

Der Deckakt

Neben der angesprochenen tierärztlichen Betreuung müssen die Hygienemaßnahmen rund um den eigentlichen Deckakt beachtet werden, um höhere Befruchtungsergebnisse zu erzielen. Sauberkeit als oberstes Gebot beginnt schon in der Deckhalle. Der Deckplatz und der Probierstand müssen einen rutschfesten, leicht zu säubernden und einfach zu desinfizierenden Boden haben. Dauerhafte Einlagen von organischer (Sägemehl/Torfmull) Einstreu oder aber auch Sand sind nicht zu empfehlen, da Keimansammlungen und Staubbildung auftreten können. Als günstiger Untergrund haben sich Gummimatten oder ein rutschfester Betonboden erwiesen. Um Verletzungen zu vermeiden, ist eine stabile, genügend hohe, an den Kanten abgerundete Begrenzung des Probier- bzw. Deckstandes erforderlich.

Am hinteren Ende des Probierstandes (Hinterteil der Stute) empfiehlt es sich, eine Lichtquelle zu installieren, welche eventuell vorhandene Verklebungen oder Absonderungen bei den Stuten besser erkennen läßt.

Die Deckhalle sollte nicht zweckentfremdet werden, d.h. die Behandlung von kranken Stuten sowie die Reinigung und Desinfektion der Hengste muß aufgrund des erhöhten Infektionsrisikos dort vermieden werden.

Vor der eigentlichen Bedeckung ist eine genaue Überprüfung der Stute auf ihre hygienische Unbedenklichkeit erforderlich. Hierzu gehört nicht nur die Kontrolle der in gewissen Fällen vorgeschriebenen Tupferprobenatteste, sondern auch die Vermeidung sonstiger Ansteckungsmöglichkeiten (z.B. Husten).

Nach einem längeren Transport empfiehlt es sich, die Stuten etwa 20 Minuten zu führen. Durch die Bewegung entspannen und beruhigen sie sich. Damit wird das Abprobieren (mit Probierhengst oder Deckhengst selbst), das zur Erkennung der Rossezeichen, zur Kontrolle der Scham und des Brunstschleimes dient, erleichtert. Die typischen Rossemerkmale lassen sich mit Drängen gegen den Hengst, Blitzen der Scham, Harnlassen und Heben des Schweifes beschreiben. Bei Fohlenstuten tritt häufig als ein weiteres Merkmal Durchfall des Fohlens auf.

In der Hochrosse ist die Scham rosarot gefärbt. Der Brunstschleim sollte klar, fadenziehend, nicht wässrig sein und eine gewisse Viskosität (Zähflüssigkeit) haben. Ist dieser dagegen milchig trüb, weist dies auf eine Infektion der inneren Scheide oder der Gebärmutter hin, was bei einer Bedeckung eine Ansteckungsgefahr für den Hengst und somit auch für andere Stuten bedeutet. Aus diesem Grund muß die Stute mit Antibiotika tierärztlich behandelt werden.

Beim Probieren wird der Hengst von der Seite herangeführt und kann durch Beschnuppern die Deckbereitschaft der Stuten erkennen. Wichtig ist, daß der Hengst sich nicht zu hastig den Stuten nähert, da sensible Stuten trotz eindeutiger Rossesymptome bereits dadurch zu energischen Abwehrreaktionen veranlaßt werden. Eine erfolgreiche Bedeckung ist dann nicht mehr möglich. Grundsätzlich sollte man das Abprobieren ruhig und geduldig durchführen.

Die Stuten sollten vor dem Decken gespannt (gefesselt) werden, um eine Verletzung des Hengstes auszuschließen. Zur weiteren Vorbereitung gehört neben der Säuberung und der Desinfektion der Scham auch das Einbinden des Schweifes. Die dafür verwendeten Materialien (Zellstoff/Schweifbinde) sollten wegen der Infektionsgefahr nur einmal benutzt bzw. danach gewaschen werden.

Beim Deckakt hat der Hengstführer das Einführen des Penis in die Scheide zu überwachen, um Fehlbedeckungen in den Mastdarm zu verhindern. Die Kontrolle, ob der Hengst wirklich absamt, geschieht durch leichtes Anlegen der Hand unter die Rutenwurzel, wobei der stoßweise abfließende Samen zu fühlen ist. Geübte Beobachter erkennen den Samenausstoß am Zucken der Schweifrübe des Hengstes.

Die gedeckten Stuten werden, besonders wenn sie stark pressen, geführt, bis sie sich völlig beruhigt haben. Der nach dem Decken oft festzustellende Drang der Stuten zum Harnlassen ist die natürliche Folge einer gewissen Reizung der Harnwege. Ihn durch ständiges Treiben zu unterdrücken, ist sinnlos, da der Samen des Hengstes normalerweise durch den Muttermund direkt in die Gebärmutter abgesetzt wird und durch das Harnlassen nicht ausgespült werden kann.

Scheidenverletzungen durch den Deckakt sind relativ selten (ca. 2%). Meist kommt es zur Durchstoßung des Scheidengewölbes bei Maidenstuten, die von einem Hengst mit stark entwickeltem Penis gedeckt werden. Mitunter spielt aber nicht nur die Größe des Penis, sondern das Paarungsverhalten (hektisch, heftiger Nachstoß) eine wichtige Rolle bei der Entstehung von Verletzungen. Werden solche Verletzungen sofort behandelt, besteht eine gute Heilungschance.

Eine tierärztliche Untersuchung muß grundsätzlich erfolgen, wenn nach der Bedeckung Blutspuren am Penis oder ein Blutaustritt aus der Scham festgestellt wird. Ist bei der Paarung mit solchen Verletzungen zu rechnen, muß eine sogenannte Deckrolle (Distanzstück) benutzt werden. Der Hengst kann somit den Penis nicht mehr in voller Länge einführen.

Nicht nur die Stuten, sondern auch die Hengste, müssen ständig hinsichtlich ihrer gesundheitlichen und geschlechtlichen Zuchttauglichkeit überwacht werden. Treten bei dieser Kontrolle krankhafte Veränderungen (z.B. eine Rötung) an der Penisschleimhaut auf, sollte umgehend ein Tierarzt eingeschaltet werden. Dieser kann mit Hilfe einer bakteriologischen Untersuchung der Vorsekretprobe die augenblickliche Zuchttauglichkeit des Hengstes diagnostizieren.

Um Deckinfektionen vorzubeugen, empfiehlt es sich, den Penis mindestens einmal die Woche mit einer milden Desinfektionslösung (Entozon 1:1.000) zu reinigen und ihn dann mit einer desinfizierenden Salbe (Bovoflavin) einzureiben.

Bei einer sehr hohen geschlechtlichen Beanspruchung, die nicht mehr als zwei, in Ausnahmefällen drei Sprünge pro Tag betragen sollte, ist die Reinigung des Penis mehrmals wöchentlich durchzuführen.

Hormonelle Behandlung

Eine zunehmend größere Rolle spielen die direkten Eingriffe in den Hormonhaushalt durch Medikamente, bei denen es sich im allgemeinen um künstlich hergestellte Hormone handelt. Sie haben die gleichen oder abgeänderte Wirkungen wie die körpereigenen Hormone. Möglich geworden sind diese Eingriffe durch das zunehmende Verständnis der Funktionen und Wirkungen der einzelnen Hormone und ganz besonders der Wechselwirkung der verschiedenen Hormone miteinander.

Eingriffe in den hormonalen Regelkreis werden nur dann erfolgreich sein, wenn sorgfältige Diagnosen des Sexualzyklus und aller Faktoren, die diesen beeinflussen können, vorausgehen. Es wäre falsch anzunehmen, daß eine Hormonbehandlung unzureichende Vorbereitungen der Stute auf eine Bedeckung (z.B. Unter- bzw. Überernährung) ersetzen kann. Der Einsatz von Hormonen muß sorgfältig abgewogen werden und ein notwendiges Maß sollte man nicht überschreiten, denn eine unbedachte Anwendung kann zu dauerhaften Störungen führen.

In den folgenden Abschnitten wird auf Therapiemöglichkeiten hingewiesen, die für die unterschiedlichen Störungen im Zyklusgeschehen von Stuten üblich sind.

Brunstlosigkeit und Brunstschwäche

Schwach aktive Ovarien (Eierstöcke)

Während die meisten Stuten mit einem derartigen klinischen Befund keine oder nur andeutungsweise Rosseerscheinungen zeigen, findet man auch Stuten, die ausgeprägt rossig sind. Diese seltene Form der Zyklusstörung äußert sich in einer unregelmäßig und überlang auftretenden Brunst.

Die Symptome, die bei Stuten mit schwach aktiven Ovarien festzustellen sind, sind in den Winter- und in den zeitigen Frühjahrsmonaten als normal anzusehen, gewissermaßen als ein Übergang vom ruhenden Rosseverhalten zum normalen Rosseverhalten im Frühjahr und Sommer.

Zum Zwecke der hormonellen Stimulierung der Eierstockfunktionen können mehrere Therapien angewendet werden. Da für die Ovartätigkeit vor allem das Hormon LH zuständig ist und bei einer Störung ein Mangel vermutet werden kann, wäre es nur logisch, durch eine Verabreichung dieses Hormons den Mangel auszugleichen. Ein vom Pferd gewonnenes LH steht allerdings nicht zur Verfügung. Deshalb versucht man mit Hilfe von anderen Hormonen (HCG, PMSG, GnRH, Östrogene, Gestagene), die Eierstocktätigkeit anzuregen.

Bei der Gestagentherapie, die nach praktischen Erfahrungen die besten Erfolge verspricht, wird in jüngster Zeit bevorzugt der Wirkstoff Chlormadnonazetat (CAP) eingesetzt.

Über die Wirkungsweise der CAP-Behandlung wird angenommen, daß hierdurch eine Blockierung der übergeordneten Zentren und somit die Abgabe von gonadotropen Hormonen gebremst wird. Die Brunstschwäche wird also durch die Gestagene in eine scheinbare Trächtigkeit verwandelt. Nach der Beendigung der Therapie tritt ein sogenannter Rebound-Effekt ein (vermehrte Ausschüttung von FSH und LH), der sich in einer ovulatiorischen Rosse äußert.

Das CAP wird entweder durch eine einmalige, intramuskuläre Injektion (50 bis 80 mg) gegeben oder über 20 Tage hinweg in einer Menge von 10 mg pro Tag gefüttert. Eine weitere Induktionsmöglichkeit der Gestagentherapie ist das Einführen einer sogenannten Progesteronspirale in den Genitaltrakt.

Die Rosse stellt sich 2 bis 8 Tage nach Beendigung der Behandlung ein. Besonders hinzuweisen ist noch auf die Tatsache, daß eine Rosse bereits innerhalb des Behandlungszeitraumes (um den zehnten Tag) eintreten kann.

Die unter Umständen in den Tagen nach der Injektion auftretenden Rossemerkmale sind in der Regel durch Östrogen verursacht und ohne begleitende Ovulation. Erst die folgende Rosse kann als vollwertig angesehen werden.

Der Östrogeneinsatz erfolgt in der Praxis durch eine intramuskuläre Injektion von 10 bis 15 mg Östradiol oder mit 15 bis 25 mg Diäthylstilbösrol. Die Östrogenpräparate werden vor allem bei Stuten angewendet, die wohl eine gewisse Ovartätigkeit erkennen lassen, ohne daß es aber zu einer Rosse mit Ovulation kommt.

In Verbindung mit Östrogenen kommt auch das Hormon PMSG (Pregnant Mare Serum Gonadotropin), das in einer Dosis von 1.500 I.E. intramuskulär (i.m.) gegeben wird, zum Einsatz. Da PMSG sowohl FSH als auch LH Aktivitäten aufweist, wirkt es ebenfalls follikelstimulierend. Auch die Behandlung mit HCG (Humanes Choriongonadotropin), das von Zellen der menschlichen Plazenta gebildet wird, kann erwogen werden. Im Falle der Brunstschwäche wird es zusammen mit Östrogenen eingesetzt. Die Wirkung von HCG entspricht der von LH in hohem Maße. In einer Dosierung von 3.000 I.E. wird dieses Hormon intravenös oder intramuskulär verabreicht.

Inwieweit der Einsatz des synthetischen Hormons GnRH (Gonadotropes Releasing Hormon) für die Therapie bei Stuten mit ovariellen Störungen wertvoll sein kann, muß noch abgewartet werden, denn eindeutige Ergebnisse einer GnRH-Behandlung bei Stuten liegen aus der Praxis noch nicht vor. Experimentell ist die Wirkung des GnRH, das die Abgabe von FSH und LH durch die Hypophyse anregt, bereits nachgewiesen worden.

Am wenigsten in den Hormonhaushalt der Stute wird durch eine Reizspülung eingegriffen. Unter einer Reizspülung versteht man die Infusion von ca. einem Liter (je nach Uterusgröße) körperwarmer physiologischer Kochsalzlösung in die Gebärmutter. Diese Lösung, der 500.000 I.E. Penicillin und 0,5 g Streptomycin als Infektionsvorbeugung zugesetzt werden, verbleibt im Uterus und wird von diesem abgesondert. Durch den Dehnungsreiz auf die Gebärmutter wird versucht, die Gonadotropinausschüttung und somit die Eierstocktätigkeit zu stimulieren. Zeigen die Stuten 3 bis 5 Tage nach dieser Behandlung keinerlei Anzeichen einer follikulären Aktivität (rektale Untersuchung) oder einer beginnenden Rosse, wird die Reizspülung wiederholt.

Eine Spülung mit Entozoon (Rivanol) wird dann durchgeführt, wenn die Ovartätigkeit auf Grund von Gebärmutterentzündungen gestört ist.

Gelbkörperzysten

Stuten mit Gelbkörperzysten (Corpus luteum persistenz) zeigen keine Rosseerscheinungen. Eine wichtige Ursache für die Entwicklung eines Gelbkörpers ist der embryonale Frühtod. Der Gelbkörper bleibt dann trotz des Abbruches der Trächtigkeit erhalten und verhindert somit eine neue Rosse. Auch bei kürzlich abgefohlten Stuten, die noch nicht gedeckt wurden oder bei Stuten, die keine Fohlenrosse zeigen (Laktationsanöstrie), sind Gelbkörperzysten zu beobachten. Beim Vorliegen von Gebärmutterentzündungen, aber auch bei Fällen, für die es keine nähere Erklärung gibt, treten ebenfalls persistierende (überdauernde) Gelbkörper auf.

Die Behandlung von Gelbkörperzysten erfolgt mit Hilfe von Uterusreizspülungen oder/und mit Prostaglandinpräparaten (2 mg). Vor einer Prostaglandinbehandlung muß jedoch zweifelsfrei eine Trächtigkeit ausgeschlossen werden, da sonst durch die Auflösung des Gelbkörpers das Trächtigkeitsschutzhormon Progesteron nicht mehr gebildet werden kann. Nach der Verabreichung von Prostaglandin tritt der Progesteronabfall innerhalb von 24 bis 48 Stunden ein. Die induzierte Rosse beginnt ca. 2 bis 4 Tage später. Die Ovulation erfolgt wie bei einer üblichen Rosse gegen Ende der Rosseperiode. Die Trächtigkeitsergebnisse nach Rossebeeinflussung mit Prostaglandin unterscheiden sich nicht von der hormonell unbeeinflußten Rosse.

In der Praxis hat sich gezeigt, daß sich in ca. 75% der Fälle eine Rosse nach einigen Tagen einstellt. Dieser Prozentsatz erhöht sich noch, wenn bei den Stuten, die auf die erste Prostaglandininjektion nicht rossig geworden sind, eine zweite gegeben wird.

Brunst ohne gleichzeitige Ovulation

Häufig findet man auch Stuten, bei denen die Symptome der Hochrosse nicht mit dem Follikelsprung zusammenfallen. Man kann bei ihnen nach Abklingen der Rossezeichen den Follikel noch nachweisen, der dann erst einige Tage später ovuliert. Wesentlich seltener sind die Fälle, in denen die Ovulation bereits vorzeitig erfolgt.

Eine hormonelle Behandlung wird unnötig, wenn durch tägliche Follikelkontrollen der Ovulationszeitpunkt festgestellt und die Stuten künstlich besamt werden. Soll ein natürlicher Deckakt möglich und zudem erfolgreich sein, so muß allerdings ein HCG-Präparat (3.000 I.E.) oder eine GnRH Substanz (0,1 mg) eingesetzt werden. Die Ovulation wird beschleunigt und erfolgt nach ca. 24 bis 36 Stunden. Eine zeitliche Übereinstimmung von Bedeckung und Eisprung wird dadurch ermöglicht.

Überlange Brunst

Die Brunsterscheinungen sind verstärkt und verlängert, so daß die rossefreie Phase verkürzt erscheint. Die Rossedauer kann 10 bis 20 Tage und mehr betragen. Die Eierstöcke weisen mitunter mehrere Follikel (mindestens 2) in verschiedenen Reifungsstadien auf. Diese Stuten sind fast immer deckbereit, nehmen aber kaum auf. Kommt es allerdings zu einer Konzeption, so sind dies oft Zwillings- oder gar Drillingsträchtigkeiten. Derartige Trächtigkeiten, die grundsätzlich als unerwünscht anzusehen sind, führen häufig zum embryonalen Tod oder zu Frühgeburten, die vom fünften Trächtigkeitsmonat an auftreten.

Die übersteigerte Brunst ist öfter zu Beginn der Deckperiode festzustellen, die sich nach einigen Monaten mit Einsetzen der wärmeren Jahreszeit selbst reguliert. Ist dies nicht der Fall, muß auch hier hormonell eingegriffen werden.

Beim Vorhandensein von nur zwei angelegten Follikeln ist eine normale Trächtigkeit innerhalb der Rosseperiode durchaus möglich. Mit Hilfe einer intensiven Follikelkontrolle wird die Ovulation des ersten Follikels bestimmt und dann sofort ein sogenannter Ovulationshemmer (= Progesteronhemmer, Injektion von 15-20 ml Gestafortin i.m.) eingesetzt. Sind mehrere Follikel vorhanden oder werden die beiden oben angesprochenen Follikel in zu kurzem Zeitraum reif, so daß eine Mehrlingsgeburt möglich wäre, wird die augenblickliche Rosse mit Hilfe von Progesteron ganz abgebrochen.

Brunstumstellung

Die künstliche Zyklusumstellung, d.h. eine Rossebeeinflussung während der Rosse-Pause, ist vor allem beim Embryotransfer von großer Bedeutung. Die Embryonen können nur dann von der Gebärmutter angenommen werden, wenn die Spender- und Empfängerstuten in der gleichen Zyklusphase stehen

(Brunstsynchronisation). Die Zyklusumstellung wird auch z.T. bei Überlastung eines Hengstes zu einem Zeitpunkt (Desynchronisation) und bei einer Verlagerung des Besamungszeitpunktes erforderlich.

Die Brunstumstellung erfolgt heute vorwiegend mit Hilfe von Prostaglandinpräparaten (2 mg), die eine unmittelbare Luteolyse (Auflösung des Gelbkörpers) zur Folge haben. Zwei bis vier Tage nach der Behandlung tritt eine Rosse ein.

Eine weitere Möglichkeit stellt der alleinige Einsatz von Gestagenen dar, der allerdings wegen der höheren Erfolgsquote der Prostaglandintherapie an Bedeutung verliert. Mit guten Ergebnissen werden heute beide Hormone in Kombination angewendet (zuerst Gestagene, dann Prostaglandin). Beim Gestageneinsatz wird neben einer einmaligen Injektion von 150 mg CAP i.m. noch zusätzlich täglich 10 mg CAP oral gegeben. Man erreicht mit dieser Therapie, daß durch die Gestagene eine Trächtigkeit vorgetäuscht wird und somit der Zyklus blockiert ist. Je nach Dauer der oralen Verabreichung kann die brunstlose Zeit gesteuert werden. Die Rosse stellt sich dann normalerweise 2 bis 8 Tage nach Beendigung der Behandlung ein.

Künstliche Besamung

Eine Rolle der Fruchtbarkeitsförderung beim Pferd kommt auch der instrumentellen Samenübertragung zu. Die Aufgaben der Samenübertragung bestehen in der bestmöglichen spermabiologischen Nutzung der Hengste und vor allem in der Vermeidung der Übertragung infektiöser Genitalerkrankungen. Innerhalb der künstlichen Besamung wird zwischen der Frischsamenübertragung und der Gefriersamenübertragung unterschieden.

Der Samen wird mit Hilfe einer künstlichen Scheide gewonnen. Unter Ausnutzung des natürlichen Paarungstriebes wird das Glied des Hengstes beim Bespringen einer paarungswilligen Stute (oder eines Phantoms) in die sogenannte Doppelrohrvagina abgelenkt.

Der zwischen der inneren, aus Gummi bestehenden, und der festen äußeren Röhre bestehende Raum ist mit 40 C warmem Wasser gefüllt, das über ein Ventil entweichen kann. Die Wärme, der Außendruck sowie der Gegendruck der hinteren Wand der künstlichen Scheide auf den Penis verursachen den Ejakulatsreflex, und es kommt zum Ausstoß des Samens. Die Samenflüssigkeit fließt sofort in ein am Ende der künstlichen Scheide befindliches Auffangglas. Somit ist es möglich, das Sperma auf hygienisch einwandfreie Weise zu gewinnen.

Wird der Samen zur sofortigen Frischsamenübertragung verwendet, wird er unbehandelt belassen und je nach Bedarf und Spermadichte portioniert (4 bis 12 Portionen). Für eine Spermaaufbewahrung von ca. 24 Stunden muß der Samen verdünnt werden. Das Verdünnungsmedium wird aus Magermilch, Glukose, Natriumbikarbonat, Penicillin, Streptomycin und Wasser zusammengestellt.

Soll das gewonnene Ejakulat eingefroren werden, wird es gefiltert und in einem Labor hinsichtlich Dichte, Beweglichkeit, Aussehen und einigen weiteren Parametern untersucht und anschließend in Portionen aufgeteilt. Auch für die Gefrierkonservierung von Sperma wird der Verdünner aus den oben angeführten Substanzen eingesetzt, jedoch wird zur Verhütung von Gefrierschäden Glyzerin hinzugefügt. Die fertigen Samenportionen werden in Pipetten eingefroren und in flüssigem Stickstoff bei -196 C gelagert. Durch diese Konservierung ist es möglich, den Samen über Jahre aufzubewahren. Das Auftauen des tiefgefrorenen Samens erfolgt im Wasserbad bei +50 C für genau 40 Sekunden. Das Einfrieren und besonders das Auftauen sind beim Pferdesperma sehr viel kritischer als beim Rindersperma, und es muß hinsichtlich Zeit und Temperatur genau kontrolliert werden.

Da alle bisherigen Methoden zur Gefrierkonservierung eine bestimmte Beschaffenheit der Samenflüssigkeit voraussetzen, bilden nur etwa 40% bis 50% der Hengste gefrierfähigen Samen. Das Sperma sollte einen hohen Prozentsatz an intakten und vorwärtsbeweglichen Samenzellen haben. Andererseits muß es eine bestimmte Dichte aufweisen, was bei den meisten Hengsten das größere Problem darstellt. Bedenkt man, daß der Bulle eine Beisekretmenge von 3 bis 7 ml hat, ein Hengst dagegen 40 bis 70 ml (zum Teil bis zu 300 ml) Beisekret, so erkennt man die unterschiedliche Problematik in der Gefriertechnik zwischen Pferden und Kühen, bei denen die Gefriersamenübertragung schon seit Jahren mit sehr großem Erfolg durchgeführt wird.

Der Erfolg der Samenübertragung ist sehr eng mit der genauen Vorhersage des Ovulationszeitpunktes verbunden. Eine Besamung darf auf Grund der Kurzlebigkeit des Samens außerhalb des Tierkörpers nur wenige Stunden vom Eisprung entfernt erfolgen. Daraus wird die Notwendigkeit einer regelmäßigen Follikelkontrolle sichtbar (mindestens ein- bis zweimal täglich).

Vor der künstlichen Besamung wird die Stute im Schambereich mit einer Seifenlösung gründlich gereinigt und desinfiziert. Der Tierarzt öffnet mit Hilfe eines sterilen Röhrenspektrums die Scheide, um unter Sichtkontrolle die Samenübertragung durchführen zu können. Dann sucht er mit den Fingern den geöffneten Gebärmuttermund, führt durch ihn die Besamungspipette so weit wie möglich in den Gebärmuttermund ein. Am Ende setzt der Tierarzt die Spritze auf die Pipette und spritzt das Ejakulat bis kurz vor das entsprechende Gebärmutterhorn. Von dort aus wandert der Samen dann in den Eileiter.

Nach der ersten Besamung müssen weitere Follikelkontrollen in 12 Stunden-Abständen erfolgen, um festzustellen, ob der erwartete Eisprung stattgefunden hat. Gegebenenfalls muß mit einer weiteren Spermaportion nachbesamt werden.

Unter optimalen Bedingungen wird bei der Frischspermaübertragung eine höhere Trächtigkeitsquote erreicht als beim Natursprung und natürlich erst recht eine höhere als bei der Gefrierspermabesamung. Während bei der Gefrierspermaübertragung nur ungefähr 40 bis 50% der Stuten und bei der natürlichen Bedeckung nur etwa 60% der Stuten tragend werden, kann die Frischspermaübertragung auf Werte von über 70%, zum Teil sogar 80% kommen. Die Zahl der Problemstuten, die durch die Frischspermaübertragung leichter aufnehmen als durch den Natursprung, ist sehr groß.

Die künstliche Besamung, in der Rinderzucht seit Jahren im großen Maßstab mit Erfolg praktiziert, wird in der Pferdezucht immer noch ziemlich kontrovers diskutiert. So ist die Meinung über den Wert und den Sinn, aber auch über die Gefahren dieser neuen Methode, bei allen Fachleuten in der praktischen Reitpferdezucht noch sehr uneinheitlich. Nachfolgend aufgeführte Vor- und Nachteile verdeutlichen dies.

Man ist sich darüber einig, daß die künstliche Besamung hilft, Deckseuchen zu verhindern. Diese hygienische Bedeutung liegt in der Vermeidung der Entstehung oder der Unterbrechung bereits entstandener genitaler Infektionsvorgänge. Sie können durch gesund erscheinende, aber dennoch genitalbesiedelte Keimträgerstuten, die dem Hengst zugeführt werden, entstehen. Der Hengst wird somit zum Infektionsüberträger von Stute zu Stute. Durch die instrumentelle Samenübertragung wird diese Infektionsgefahr völlig ausgeschaltet.

Als ein weiterer Vorteil ist die Reduzierung der Gefahr des Wiederaufbrechens von oberflächlich abgeheilten Verletzungen, Vernarbungen oder Verwachsungen in der Scheide, die bei einem natürlichen Deckakt nicht auszuschließen sind.

Durch die Tiefgefriertechnik ist man in der Lage, Samen von besonders gefragten Hengsten über längere Zeiträume zu konservieren (Samenbank). Die Paarungsplanung mit nicht mehr lebenden, weit entfernt stationierten oder aber im Augenblick nicht zugänglichen Hengsten (z.B. durch Krankheit, Sporteinsatz) wird mit Hilfe von Gefriersperma möglich und erschließt für den Stutenhalter neue züchterische Möglichkeiten.

Durch den Einsatz von Gefriersperma wird es zudem unnötig, Stuten über längere Strecken zu transportieren, da die Besamung im Heimatstall erfolgen kann. Es wird angenommen, daß ca. 20% der Verluste von Embryonen in den ersten 60 Tagen der Trächtigkeit auf Transportstreß zurückzuführen sind.

Somit ist auch die Besamung von Stuten aus einem Bestand, der wegen Seuchengefahr (z.B. Virusabort) in der Deckzeit gesperrt ist, kein Hindernis mehr. Ohne die instrumentelle Samenübertragung wäre in diesem Fall eine Trächtigkeit der Stuten nicht möglich. Fehlen bei Stuten trotz normal verlaufenden Vorgängen an den Eierstöcken die äußeren Rossesymptome, oder sind sie nur so schwach ausgebildet, daß die Stuten den Hengst nicht aufspringen lassen, so ist auch hier die Anwendung der künstlichen Besamung als positiv zu sehen.

Ein wichtiges Kriterium, das für die instrumentelle Samenübertragung und hier insbesondere die Frischspermatechnik spricht, liegt in der Entlastung der Hengste. Die Nachfrage nach Spitzenhengsten ist heute nicht nur durch die Möglichkeit des Transportes der Stuten zu den Hengsten (auch über größere Entfernungen hinweg) enorm groß.

Diesem »Stutenansturm« sind die Hengste auf Dauer, selbst bei strengsten Follikelkontrollen, nicht gewachsen. Zuweilen verlieren sie die Lust am Decken, aber auch die Spermaqualität läßt nach. Bereits beim dritten Sprung eines Hengstes pro Tag kommt die Spermazahl des Ejakulats in den kritischen unteren Bereich, da ja zu berücksichtigen ist, daß nur etwa 75% der im Ejakulat enthaltenen Samenzellen intakt und vorwärtsbeweglich sind.

Die Samenübertragung senkt die Sprungzahl auf ein Minimum, wodurch ständig bestes spermareiches Ejakulat vorhanden ist. Somit hat jede zu belegende Stute vom samenbiologischen Angebot her die gleiche Chance, tragend zu werden.

Die Samenübertragung bietet die Möglichkeit einer extrem starken Ausnutzung von bevorzugten Hengsten, die auf diese Weise pro Jahr unter Umständen die zehnfache Fohlenzahl gegenüber ihrer Verwendung im Natursprung erreichen können. Man kann diese Tatsache sowohl positiv als auch negativ bewerten. Eine derartig starke Konzentration der Zucht auf einzelne Spitzenvererber kann einerseits zwar deren positive Erbanlagen weit verbreiten und auf diese Weise zuchtfördernd wirken. Andererseits ist damit zu rechnen, daß diese Hengste auch gewisse negative Anlagen vererben, (die zum Teil erst nach einigen Jahren auftreten können) und dadurch die Zucht auch sehr negativ beeinflussen können.

Weitere züchterische Argumente gegen die künstliche Besamung sind die Verkleinerung des Genpools und die verstärkte Verdrängung von Junghengsten durch die Spitzenhengste. Für die Zuchtwertschätzung würde dies bedeuten, daß durch die geringere Zahl der Nachkommen der Junghengste eine Aussage über deren Qualität erschwert bzw. verzögert wäre.

Um diesen Problemkomplex in den Griff zu bekommen, ist eine Samenübertragung ohne die Einwilligung der zuständigen Zuchtverbände nicht erlaubt. Die Einstellung der einzelnen Zuchtorganisationen reicht von strikter Ablehnung bis zur fördernden Toleranz.

Ein weiterer Nachteil sind die höheren Tierarztkosten, die bei der künstlichen Besamung anfallen. Die höheren Kosten entstehen durch die für den Erfolg der Methode entscheidenden, intensiven Follikelkontrollen und durch die eigentliche Samenübertragung. Beim Natursprung ist die Anwesenheit eines Tierarztes dagegen nicht erforderlich. Nachlässigkeiten bei der Follikelkontrolle sowie technische Fehler bei der Besamung lassen die Chancen auf eine erfolgreiche Befruchtung stark sinken. Hieraus wird die Abhängigkeit der künstlichen Besamung vom Können und Engagement eines Tierarztes deutlich.

Der Gefahr des Betruges bezüglich der Identität des Samens kann heute durch eine Blutgruppenbestimmung, wie sie in manchen Zuchtverbänden schon Pflicht ist, vorgebeugt werden. Nachteilig kann sich ebenfalls die Zuchtverwendung von Stuten auswirken, die aus bestimmten Gründen beim natürlichen Deckakt nicht tragend werden, wobei diese Gründe eventuell erblich sein können, so daß praktisch »gegen Fruchtbarkeit« gezüchtet wird. Nicht ganz vergessen werden sollte, daß die fehlende Stimulation während des Deckaktes sich bei manchen Stuten nachteilig auf die Fruchtbarkeit auswirkt.

Embryotransfer

Embryotransfer bedeutet die Entnahme einer jungen Keimanlage aus dem Uterus einer Spendermutter, die Untersuchung und Aufbereitung des Embryos im Reagenzglas und schließlich die Implantation des Keimlings in den Uterus einer zyklussynchronen Empfängerin. Neben dieser angesprochenen Methode der Sofortübertragung ist es möglich, den Embryo einzufrieren und ihn so über eine längere Zeit übertragungsfähig zu halten.

Kann man seit langem durch die künstliche Besamung die Erbanlagen von Leistungshengsten auf eine große Anzahl von Stuten übertragen, so bietet der Embryotransfer die Möglichkeit, das genetische Potential sehr guter, eventuell im Sport erfolgreicher Stuten an eine unnatürlich hohe Zahl von Nachkommen weiterzugeben.

Die Gewinnung des Embryos aus dem Geschlechtstrakt der Spenderstute ist auf verschiedene Weise möglich. In der Praxis hat sich wohl die Durchspülung des gesamten Gebärmutterraumes am 6. Tag nach der Aufnahme durchgesetzt. Zu diesem Zeitpunkt hat der Embryo die Gebärmutter erreicht. Die Entnahme kann chirurgisch oder nichtchirurgisch erfolgen. Inzwischen hat sich die nichtchirurgische Ausspülung des Embryos durch den Gebärmutterhalskanal und die Scheide durchgesetzt.

Im Gegensatz zur Sofortübertragung der Embryonen, die in den USA und England bereits kommerziell praktiziert wird, steckt die Tiefgefrierkonservierung bei uns noch in der Entwicklungsphase. Die Gefrierkonservierung der Embryonen ist wohl schon möglich und wird auch in einigen Stellen im Ausland durchgeführt, die Erfolgsquote ist allerdings noch sehr begrenzt. Die Möglichkeit, die Keimlinge mit dieser Methode längere Zeit lebensfähig zu halten, spielt vor allem beim internationalen Austausch von Genmaterial eine wichtige Rolle.

Trächtigkeitsfeststellung

Einer zuverlässigen und frühzeitigen Trächtigkeitskontrolle der nach erfolgtem Decken tragenden bzw. nichttragenden Stuten kommt aus wirtschaftlichen und züchterischen Gründen eine hohe Bedeutung zu. Dies gilt im Vergleich zu anderen Haustiergattungen um so mehr, als die Decksaison in der Pferdezucht auf einen relativ kurzen Zeitabschnitt beschränkt ist. Eine sichere Methode einer Trächtigkeitsfrühdiagnose eröffnet zudem die Möglichkeit, den Abbruch einer Trächtigkeit durch Fruchtresorption, die sich bei Stuten überwiegend zwischen der dritten und zehnten Trächtigkeitswoche ereignen kann, rechtzeitig festzustellen. Eine erneute Belegung innerhalb der laufenden Decksaison wird dadurch ermöglicht.

Als erstes Anzeichen der Trächtigkeit ist in der Regel das Ausbleiben der Rosse zu werten. Kommt eine Stute drei Monate lang nicht mehr zum Rossen, so kann eine Trächtigkeit angenommen werden. Allerdings ist diese längere »Rosseruhe« keine Garantie für eine Gravidität. Denn in der Praxis hat sich gezeigt, daß eine Resorption der jungen Frucht in den ersten drei Monaten erfolgen kann, wodurch vielfach ein plötzliches Umrossen zu erklären ist. Allerdings treten auch Fälle auf, in denen die Stuten trotz eingetretener Trächtigkeit rossen. Werden solche Stuten gedeckt, so kommt es zu einem Verfohlen.

Um solche Fälle zu vermeiden, sollten die Stutenhalter durch genaue Beobachtungen ihrer Stuten bezüglich Wesen und Verhalten mit dazu beitragen, eine Trächtigkeit sicher festzustellen. Normalerweise ändern die Stuten nach beginnender Trächtigkeit ihr Verhalten, das sich auf verschiedene Art und Weise äußern kann. Meist werden sie vorsichtiger, träger und ihren Stallgefährten gegenüber futterneidisch. Die notwendige Sicherheit der Trächtigkeitsfeststellung ist aber nur mit Hilfe von klinischen, labordiagnostischen oder/und physikalischen Trächtigkeitsuntersuchungen möglich.

Ganz grundsätzlich muß der Trächtigkeitsnachweis unterschieden werden in eine Diagnose der Frühträchtigkeit und in eine Diagnose zu einem späteren Zeitpunkt. Eine Frühträchtigkeitsuntersuchung kann bereits je nach Verfahren am 16. bis 21. Tag nach der letzten Bedeckung vorgenommen werden. Eine Nachuntersuchung um die zwölfte bis sechzehnte Woche der Gravidität sollte sich unbedingt anschließen, um eventuelle Fehlinterpretationen bei früheren Trächtigkeitsuntersuchungen und Frühresorptionen ausschließen zu können.

Von den verschiedenen, heute möglichen Trächtigkeitsuntersuchungsmethoden werden in den folgenden Abschnitten nur die in der Praxis üblichen Methoden angesprochen.

Klinische Untersuchung

Rektale Untersuchung

Die rektale Untersuchung, das heißt die Betastung der Gebärmutter vom Mastdarm aus, bietet zum einen den Vorteil, daß sich die Untersuchung schnell und unabhängig von einer Laborausstattung durchführen läßt. Zum anderen kann eine Diagnose ab der dritten Woche nach der Belegung in jedem Stadium der Trächtigkeit gestellt werden. Falls keine Trächtigkeit besteht, bietet die rektale Untersuchung zugleich die Möglichkeit, sich über den Zustand des Genitalapparates ein Bild zu machen. Die Zuverlässigkeit der Methode ist aber in hohem Maß abhängig von der Erfahrung des Tierarztes. Dieses Verfahren kann schon ab dem 18. Tag nach der Ovulation durchgeführt werden und ist für die Stuten selbst, wie auch für die gegebenenfalls vorhandene Frucht, bei sachgemäßer Handhabung in keiner Weise beeinträchtigend.

Da im Gegensatz zum Rind ein Gelbkörper des Eierstockes beim Pferd nicht zu fühlen ist, konzentriert sich die Untersuchung vorwiegend auf die Gebärmutter, die vom 18. bis etwa 40. Tag nach der letzten Bedeckung bzw. Ovulation auffallend kontraktionsbereit ist (Sensibilisierungsstadium). Meist hebt sich in der strangartig zusammengezogenen Gebärmutter das dünnwandige Fruchtsäckchen bereits etwa in Hühnereigröße ab.

Nach sechs bis acht Wochen ist ein ungefähr gänseeigroßes Fruchtbläschen (der Embryo ist zu diesem Zeitpunkt etwa vier bis fünf cm lang) zu fühlen. Die Bereitschaft, sich zusammenzuziehen, läßt mit zunehmendem Wachstum der Frucht nach. Im dritten Monat ist eine deutlich fluktuierende Fruchtblase im tragenden Horn tastbar.

Vaginale Untersuchung

Die rektale Untersuchung kann vor allem in frühen Trächtigkeitsstadien sinnvoll durch eine vaginale Untersuchung, die mit Hilfe eines Scheidenspekulums durchgeführt wird, ergänzt werden. Das Scheidenbild vermittelt zusätzlich wesentliche Informationen, die zur Sicherung der Trächtigkeitsfeststellung herangezogen werden.

Die Form und die Größe des Muttermundes, die Beschaffenheit des Scheidenschleimes sowie das Aussehen der Scheidenschleimhaut geben Anhaltspunkte für eine Diagnose. Bei der vaginalen Untersuchung ist wegen der Gefahr des Abortes und der Keimeinschleppung peinliche Sauberkeit vonnöten. Äußere Genitalien, Instrumente, Hände usw. sind vor jeder einzelnen Untersuchung frisch zu reinigen und zu desinfizieren. Außerdem sollte das Spekulum körperwarm eingeführt werden, da kalte Instrumente zur Abwehr und zum Gegenpressen veranlassen.

Labordiagnostische Methoden

Diese Diagnosen beruhen auf der Feststellung von Wirkstoffen, die in ihrer Art, ihrer Menge und dem Zeitpunkt des Vorkommens für eine Trächtigkeit typisch bzw. beweisend sind. Dies sind vor allem Hormone, die im Blut, in der Milch oder im Harn erfaßt werden können. Da bestimmte Mindestmengen nötig sind, ist der Einsatz der Methoden wegen der unterschiedlichen quantitativen und zeitlichen Ausschüttung auf bestimmte Zeitabschnitte beschränkt.

Progesteronbestimmung

Ab dem 18. bis zum 21. Tag nach erfolgter Bedeckung kann durch eine Progesteronbestimmung (Progesteron = Schwangerschaftsschutzhormon) festgestellt werden, ob eine Stute umroßt oder ob eine Trächtigkeit vorliegt. Der Progesteronspiegel im Blut (bei laktierenden Stuten auch in der Milch) steigt nach dem Eisprung sehr rasch an, um am 15. Tag nach der Ovulation wieder abzufallen und seinen Tiefpunkt ein bis zwei Tage vor der neuen Rosse zu erreichen. Wurde die Stute jedoch tragend, fällt der Progesteronspiegel im Blutplasma nicht mehr vom 15. Tag steil ab, sondern bleibt auf einer Grundhöhe, wobei durchaus Schwankungen nach oben und unten vorkommen können. Die Tiefstwerte fallen jedoch bei tragenden Stuten nie unter den Wert von 2 ng/ml ab, woraus mit 100% Sicherheit eine Trächtigkeit ausgeschlossen werden kann. Eine derartige Sicherheit bietet zur Zeit kein anderes Verfahren. Bei hohen Progesteronwerten ist die Gravidität zu 85% gesichert.

Da das Progesteron wohl trächtigkeitserhaltend, aber nicht trächtigkeitsspezifisch ist, muß man den Zeitraum um den 18. Tag für die Blutentnahme unbedingt einhalten. Im Fall einer Nichtträchtigkeit ist nämlich nur in dieser Periode ein starkes Abfallen des Progesteronspiegels festzustellen. Bei einer wenige Tage später entnommenen Probe könnte der Progesteronspiegel bei einer nichtträchtigen Stute bereits wieder auf Werte angestiegen sein, die auch bei einer Trächtigkeit gemessen werden. Wenn der optimale Blutentnahmetermin aus verschiedenen Gründen verpaßt wurde, kann man nur noch durch eine mehrmalige Blutentnahme und eine daraus entstehende Progesteronspiegelverlaufskontrolle zu einer Trächtigkeitsdiagnose kommen.

Die Vorzüge einer Trächtigkeitsuntersuchung mittels der Progesteronbestimmung sind einerseits in der frühen Feststellung der Trächtigkeit und andererseits in der Erfahrung und dem Geschick des Tierarztes zu sehen. Hinzu kommt noch, daß der Progesterontest kostengünstig und sehr einfach durchführbar ist.

PMSG — Bestimmung im Blut

Vom 36. Trächtigkeitstag an beginnt die Produktion des Hormons PMSG (Pregnant-Mare-Serum-Gonadotropin) und hält bis zum 130. Tag an. Diese Bestimmung wird zur Feststellung der Trächtigkeit in späteren Stadien angewendet. Die verschiedenen Testmethoden, die für den Nachweis von PMSG existieren, sind durch den sogenannten MIP-Test (Immunologischer Test) verdrängt worden. Mit Hilfe dieses Testes (Hämagglutinationshemmungstest) kann das Hormon innerhalb von zwei Stunden mittels spezifischer Antikörper im Blutserum der Stute festgestellt werden.

Das sichere, kostengünstige und an Ort und Stelle durchführbare Verfahren hat im Bereich zwischen dem 40. und 115. Tag der Trächtigkeit eine Sicherheit von über 95% (zwischen 40. und 100. Tag 100% Sicherheit).

Nachweis von Östrogenen im Blut

Etwa vom 120. Tag der Trächtigkeit an erscheinen Östrogene im Harn, die sich auf einfache und zuverlässige Weise (Sicherheit nahezu 100%) nachweisen lassen. Die Östrogene gehen mit Schwefelsäure eine spezifische, fluoreszierende Verbindung ein. Enthält der Stutenharn keine derartigen Hormone, so färbt sich die Flüssigkeit rot bis braun und fluoresziert nicht.

Wie man an dem Untersuchungszeitraum schon erkennt, ist dieser Test zur Nachuntersuchung einer bereits früher festgestellten Trächtigkeit geeignet.

Natursprünge, das heißt, der Hengst läuft mit der Stutenherde oder einer einzelnen Stute auf einer gemeinsamen Koppel, werden heute wegen erhöhter Verletzungsgefahr nur sehr selten praktiziert. Stuten, die schlecht rossen oder ihre Rosse-Symptome nur undeutlich zeigen, werden durch einen Hengst auf der Neben-Koppel stimuliert.

Die Anwesenheit des aufgeregten Hengstes hat auch die Stuten stimuliert
— sie zeigen offensichtliche Rosse-Anzeichen durch Heben des Schweifes
und »Blitzen«.

Rechts unten: Peinlichste Hygiene ist unerläßlich. Der Schweif der Stute
sollte eingebunden sein, der Penis des Hengstes muß zwischen zwei
Deckakten immer wieder gesäubert und desinfiziert werden.

Nachdem man sich durch Abprobieren an der Probierwand, auf einer Ne-ben-Koppel oder auch im Stall davon überzeugt hat, daß die Stute rosst und stehen wird, wenn der Hengst sich ihr nähert, muß sie für den Deckakt und während des Deckaktes gut festgehalten werden. Dem Hengst muß man unter Umständen nach dem Aufspringen eine leichte Unterstützung geben.

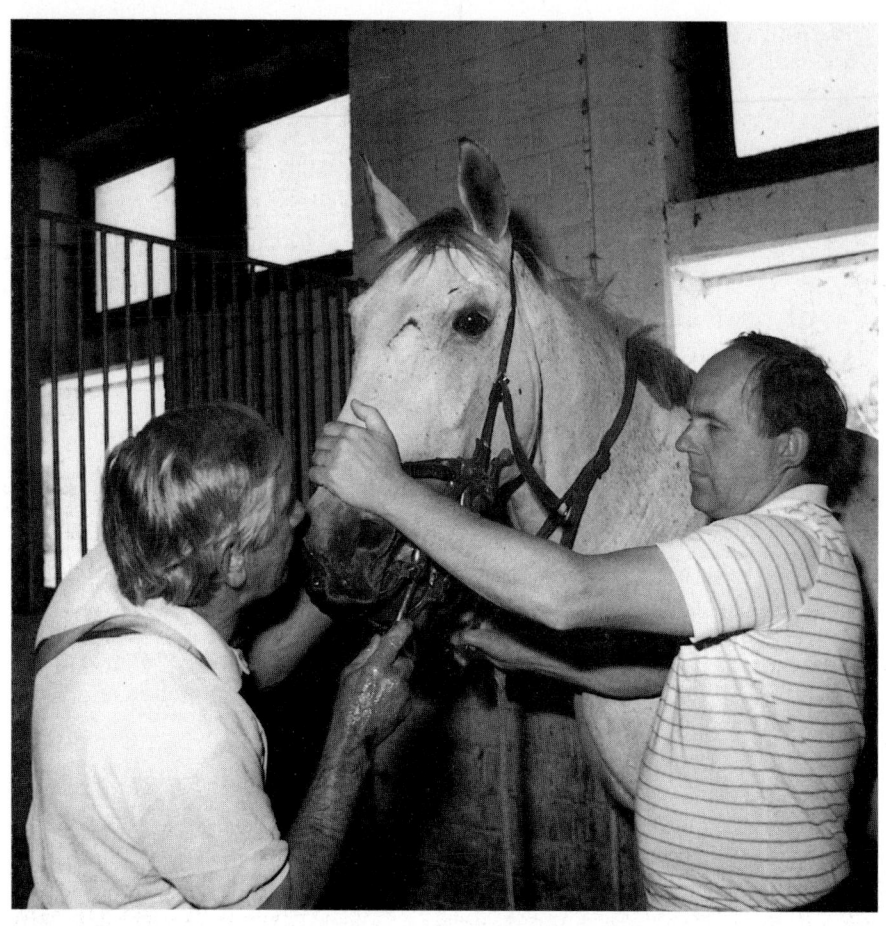

Nur gesunde Stuten dürfen bedeckt werden. Oftmals sind schlechte Futteraufnahme und dadurch ein schlechter Gesamtzustand auf einen Mangel an
den Zähnen zurückzuführen.

Zuchtstuten sollten keine Hufeisen tragen, damit sie dem Fohlen keine Verletzungen zufügen können.

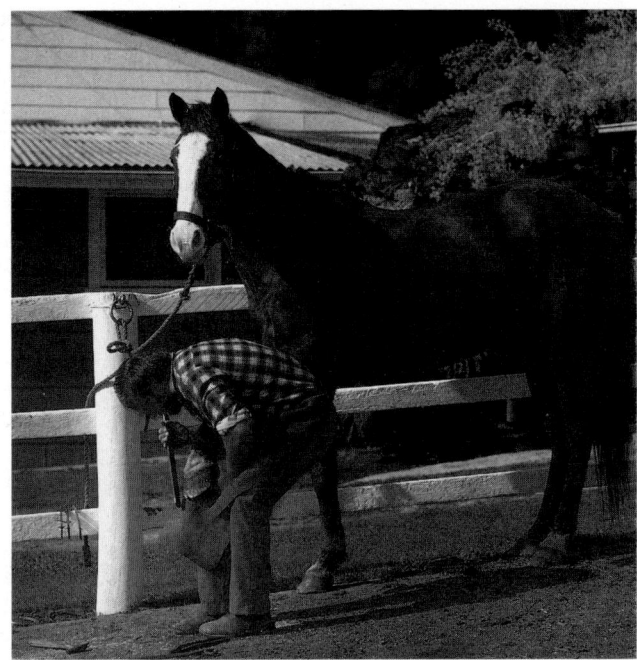

Bewegung ist für eine tragende Stute — wie bei diesen Pony-Müttern — sehr wichtig. Koppelgang sollten die Stuten in jedem Fall haben.

Bis zum neunten Monat können tragende Stuten problemlos geritten werden. Auch streßfreie Einsätze auf kleineren Turnieren sind durchaus möglich.

Stuten, die lange Jahre erfolgreich im Sport gingen — auf unserem Foto die Stute Orchidee unter Dirk Hafemeister — sollte man erst einmal ausreichend Ruhe und Erholung gönnen, ehe man sie zum Hengst schickt.

Wenn es nicht gerade stürmt und schneit, darf das Fohlen gemeinsam mit der Mutter bereits am Tag nach der Geburt ins Freie.

Es empfiehlt sich, Mutter und Fohlen in den ersten Tagen auf einer Koppel zu lassen, auf der sich keine anderen Pferde befinden. Das Fohlen braucht ein bis drei Tage, um sich an die Mutter zu gewöhnen — und um sie immer unter anderen Pferden wiederzufinden.

Gerade in den ersten Tagen muß sich das Fohlen noch sehr häufig ausruhen, in einer Herde ist das oft kaum möglich.

Die Pferde, die später mit der Mutter und dem Fohlen eine Herde bilden werden, sollen in den ersten Tagen auf eine Neben-Koppel gebracht werden, damit sie sich allmählich aneinander gewöhnen können.

Fohlen werden mit dem Schluckreflex geboren, dennoch dauert es bei ihnen manchmal zu lange, bis sie das Euter der Mutter gefunden haben. Unter Umständen muß die Kolostralmilch abgemolken und dem Fohlen per Flasche gereicht werden.

In den ersten drei Monaten wird das Fohlen fast ausschließlich durch die Muttermilch ernährt.

Früher wurden vielen Kaltblutpferden die Schweife kupiert. Dadurch sollte verhindert werden, daß sich der Schweif bei der Arbeit im Zug einklemmt.

Links: Ein kleines Halfter soll das Fohlen so früh wie möglich angelegt bekommen.

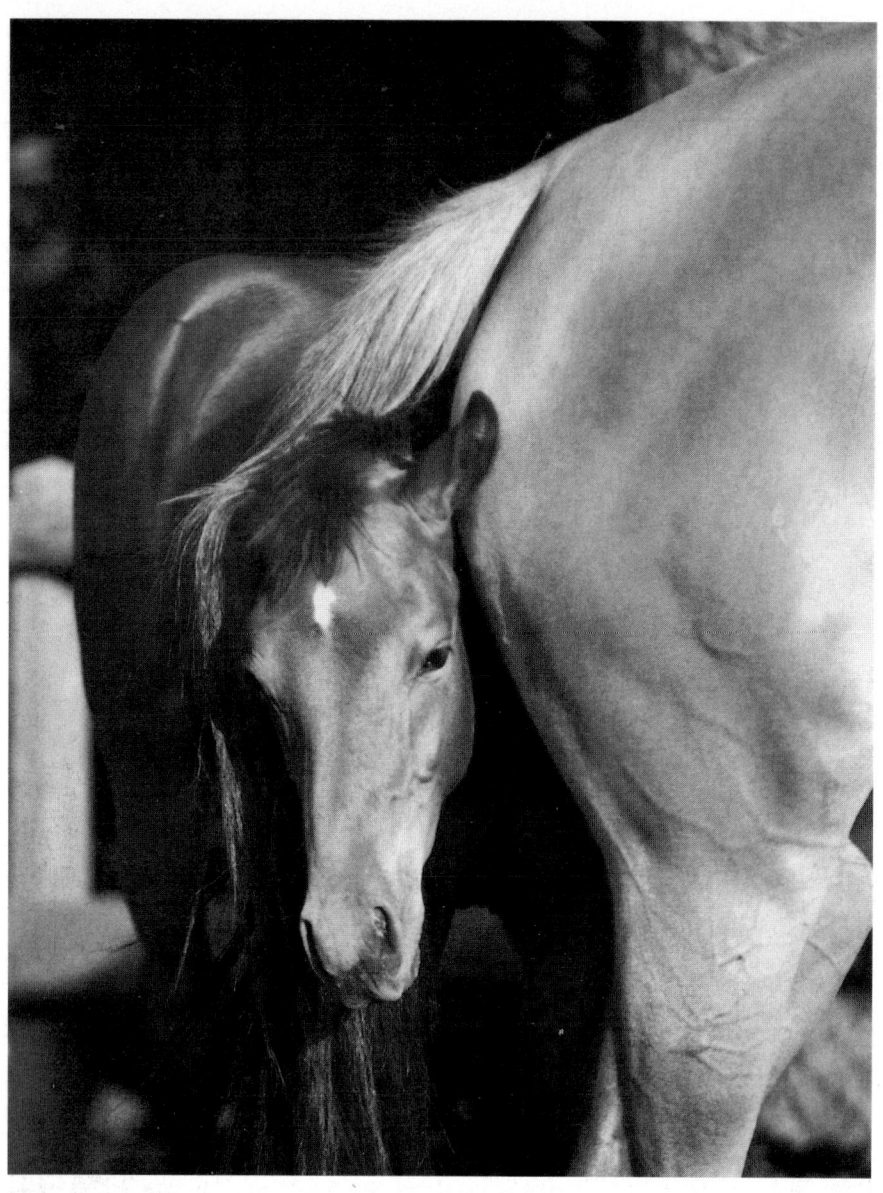

Um sich vor Fliegen zu schützen, versteckt sich das Fohlen im Schweif der Mutter.

Das soziale Verhalten der Pferde untereinander in Freiheit ist zugleich auch ein Maßstab für den Umgang von Mensch und Pferd.

Neugeborene Fohlen genießen den Schutz der ganzen Herde.

Gibt die Stute zu wenig Milch, sollte unter Umständen Ammenmilch zuge-
füttert werden. Auch in der wildlebenden Herde stellt sich manchmal wie
selbstverständlich eine Amme als zusätzliche Saufquelle zur Verfügung.

Physikalisches Verhalten

Ultraschall-Echographie-Untersuchung

Die in der Humanmedizin schon seit geraumer Zeit übliche Untersuchung mit Ultraschall hat inzwischen auch in die Tiermedizin Eingang gefunden. Bei der Untersuchung der Stute wird der Schallkopf des Ultraschallgerätes (Scanner) rektal eingeführt. Das Reflexionsbild der Ultraschallwellen wird elektrooptisch auf dem Bildschirm sichtbar gemacht und kann auf Polaroidfilm dokumentiert werden.

Mit Hilfe des Scanners sieht man bereits 14 Tage nach der erfolgreichen Befruchtung die sich entwickelnde Fruchtblase. Eine weitere Untersuchung um den 21. Tag soll das Fruchtblasenwachstum bestätigen. Ab dem 25. Tag verliert die kugelförmige Fruchtblase ihre sphärische Gestalt, und der Embryo läßt sich erkennen. Die Zuverlässigkeit der Diagnose zwischen dem 15. und 21. Tag der Trächtigkeit liegt um die 95%.

Zur weiteren Absicherung ist eine Untersuchung zwischen dem 38. und 42. Tag von großer Bedeutung. Bei gesunder Entwicklung des Embryos zeigt das Bild eine starke Umfangsvermehrung der Fruchtblase. In der Fruchtblase erkennt man je nach Scannerführung bereits Embryoteile und teilweise bereits die Form des zukünftigen Fohlens. Auch die Nabelschnur mit der pulsierenden Nabelarterie kann auf dem Bildschirm dargestellt werden.

Durch den Einsatz des Ultraschallgerätes ist nicht nur eine genaue Feststellung der Trächtigkeit im Frühstadium möglich, sondern auch die Verlaufskontrolle der Gravidität verbessert sich erheblich. Zwillingsschwangerschaften, Resorptionen, Tumore im Bereich der Eierstöcke sowie krankhafte Veränderungen der Gebärmutter (z.B. Eiteransammlungen, Zysten) lassen sich bildlich darstellen. Ein Eingreifen in veränderte oder unerwünschte (z.B. Mehrlingsträchtigkeiten) Embryonalentwicklungen ist bereits im Frühstadium möglich. Für den Züchter besteht nach der vorgenommenen Behandlung (z.B. Auslösen eines Abortes) die Möglichkeit, seine Stute noch in derselben Decksaison erneut decken zu lassen.

Kapitel III

Anatomie des weiblichen Geschlechtsapparates

Die weiblichen Geschlechtsorgane sind in der Bauchfellhöhle in die inneren Geschlechtsorgane, Eierstöcke, Eileiter und Gebärmutter gegliedert, denen sich im Becken als Begattungsorgan die Scheide mit ihrem Vorhof sowie als äußerer Abschluß die Scham anschließen. Ihre Aufgaben werden als keimbereitend, -leitend und -bewahrend den Organen zugeordnet.

Die Eierstöcke (A,A') sind gut kinderfaustgroß, bohnenförmig und liegen unter den Nieren in der Bauchfellhöhle. Im Eierstock befinden sich die Follikel (Eibläschen) neben ihren Vorstufen und Gelbkörper früherer Zyklen. Lediglich an der sogenannten Ovulationsgrube erreichen die Follikel und Gelbkörper die Oberfläche des Eierstockes. Das Eierstockgekröse (a) dient als Aufhängung der Keimdrüsen und führt gleichzeitig die Leitungsbahnen zum Organ.

Der Eileiter (B) windet sich in einer Länge von 20 bis 30 cm um den Eierstock herum und mündet als enger Kanal mit Schließmuskel in die Spitze des Gebärmutterhornes (C). Der trichterförmige Beginn des Eileiters hat die Aufgabe, das gesprungene Eibläschen aufzufangen. In einem weiteren Teil des Eileiters, der sogenannten Eileiterampulle, findet dann die Einzelbefruchtung durch das Spermium statt. Dort laufen ebenfalls schon die ersten Zellteilungen ab. Die hintere Hälfte des Eileiters bis zum Übergang in den Uterus bildet dann einen engen Transportkanal für diese Zellteilungsstadien.

Die zweihörnige Gebärmutter teilt sich äußerlich in drei Abschnitte: ein linkes und rechtes Horn (C), einen gemeinsamen Körper (C') und einen Hals (C''). Die schlauchartigen Uterushörner (C) beginnen hinter dem Eierstock und ziehen beckenwärts zum Gebärmutterkörper. Ihre Schleimhaut stellt den Nistplatz des Keimlings während der Trächtigkeit dar. Der Gebärmutterkörper (C') ermöglicht das Einwachsen der Fruchthäute des Fohlens.

Zusammen mit dem tragenden Horn bildet der Uteruskörper einen, dem werdenden Fohlen angepaßten Tragsack. Der kurze, dicke und muskelstarke Gebärmutterhals (C'') bildet mit Hilfe eines Schleimpfropfes, der sich nur in der Zeit der Hochrosse sowie der Geburt öffnet, einen Abschluß zur Scheide (D).

Die Scheide (D) verbindet als über 20 cm langes Schleimhautrohr den Uteruskanal mit dem Vorhof (E). Ihre kutane Schleimhaut hält durch ihre mehrschichtige Zelldecke den mechanischen Belastungen, die während des Deckaktes und der Geburt auftreten, stand. Am Übergang zum Vorhof (E) wird die Scheide von außen durch einen starken Muskelring (Hymenalring) etwas eingeengt. Der Scheidenvorhof (E) reicht von der Einmündung der Harnröhre (M') bis zum freien Ende des Kitzlers (G) in der Scham (F). Seine Schleimhaut trägt an der Boden- und Seitenwand kleine Vorhofdrüsen zu ihrer Befeuchtung. Die Scham (F) bildet mit den beiden Lippen eine senkrechte, bemuskelte Spalte zum äußeren Abschluß.

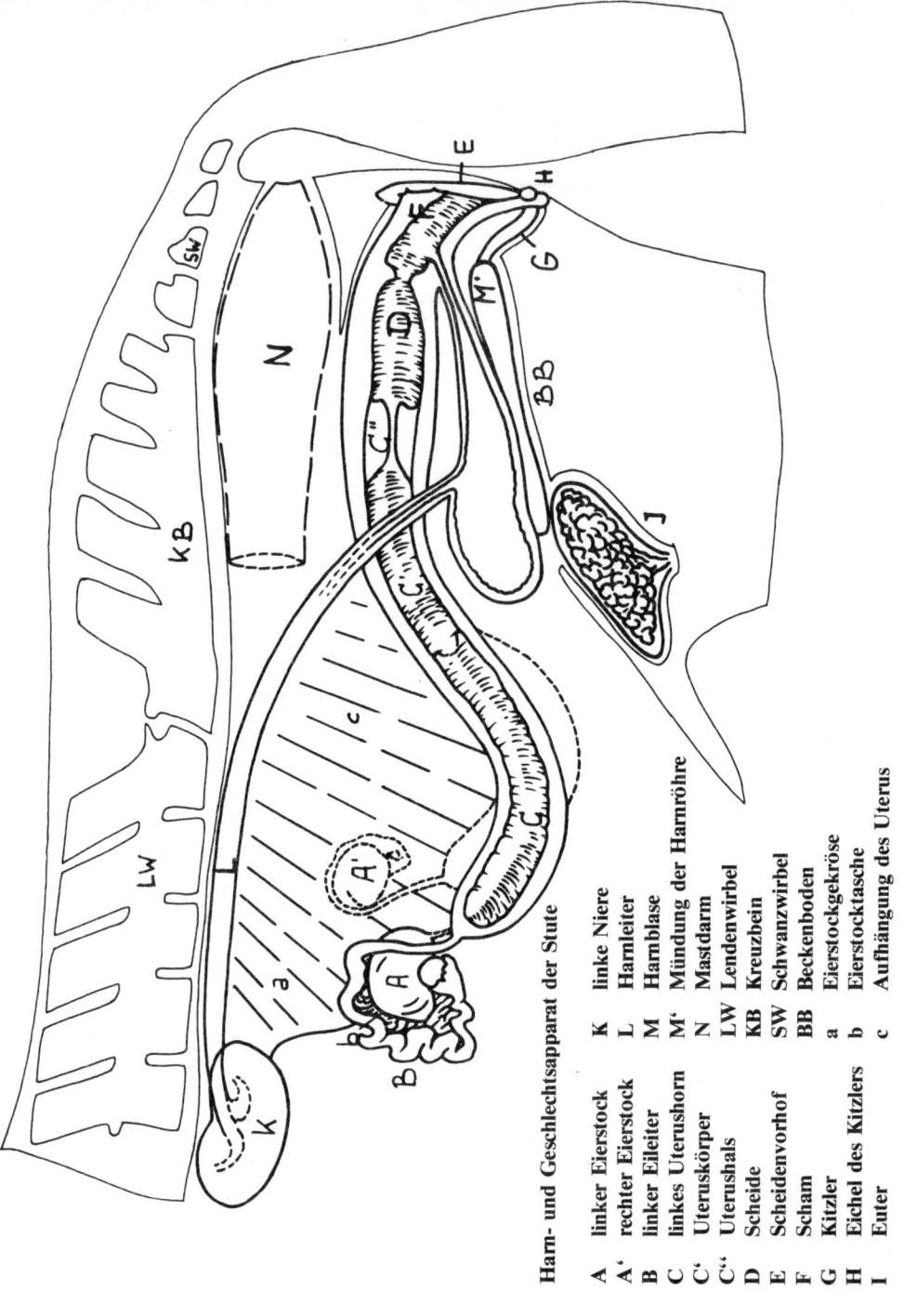

Harn- und Geschlechtsapparat der Stute

A	linker Eierstock	K	linke Niere
A'	rechter Eierstock	L	Harnleiter
B	linker Eileiter	M	Harnblase
C	linkes Uterushorn	M'	Mündung der Harnröhre
C'	Uteruskörper	N	Mastdarm
C''	Uterushals	LW	Lendenwirbel
D	Scheide	KB	Kreuzbein
E	Scheidenvorhof	SW	Schwanzwirbel
F	Scham	BB	Beckenboden
G	Kitzler	a	Eierstockgekröse
H	Eichel des Kitzlers	b	Eierstocktasche
I	Euter	c	Aufhängung des Uterus

Der Sexualzyklus der Stute

Die Geschlechtsreife bei Stuten tritt meist zwischen dem 12. und 18. Monat ein. Als zuchtreif gelten die Tiere aber erst vom dritten Lebensjahr an. Auf die Entwicklung haben sowohl die Rasse als auch Fütterungs- und Haltungsbedingungen einen Einfluß. Bei der Stute, wie auch beim Hengst, beginnt die Pubertät mit dem Ausschütten gonadotroper Hormone durch die Hypophyse. Es entwickelt sich durch ein hormonelles Wechselspiel zwischen Hypophyse und Eierstock ein zyklisches Geschehen, das eine jahreszeitliche Abhängigkeit erkennen läßt.

Verschiedene Umwelteinflüsse wie Ernährung (Weide), Tageslicht und Temperatur werden vom Großhirn über das sogenannte Limbische System aufgenommen und an den Hirnstamm weitergegeben. Dieser veranlaßt bei der geschlechtsreifen Stute über sogenannte Releaserhormone die Hirnanhangsdrüse, gonadotrope Hormone freizusetzen, die auf die Eierstöcke wirken.

Das FSH (Follikel stimulierendes Hormon) bewirkt dort die Follikelreifung, also das Heranwachsen eines (oder mehrerer) Eibläschen. Das Eibläschen enthält Follikelflüssigkeit sowie die von einem Zellhaufen umgebene Eizelle. Unter dem Einfluß des FSH produziert der Follikel ein eigenes Hormon, das Brunsthormon (Östrogen), das diejenigen Veränderungen am Geschlechtsapparat sowie im Verhalten des Tieres auslöst und mit dem die Rosse einhergeht.

Hat dieses Brunsthormon einen gewissen Spiegel erreicht, dann veranlaßt es über den Hirnstamm die Hirnanhangsdrüse, die Ausschüttung von FSH zu drosseln und statt dessen vermehrt das Hormon LH (Luteinisierungs-Hormon) freizusetzen. Dieses Hormon bringt den herangereiften Follikel auf dem Eierstock zum Eisprung.

Beim Eisprung wird die Eizelle von der abfließenden Follikelflüssigkeit in den Eileiter geschwemmt, wo sie, eine zeitgerechte Paarung vorausgesetzt, auf die Samenzelle trifft. Der mittlere zeitliche Abstand von Ovulation zu Ovulation liegt in der Regel bei 21 Tagen. Fohlenstuten kommen um den 9. Tag nach dem Abfohlen zur Rosse. Die äußerlich erkennbare Rosse beginnt meist zwei bis drei Tage vor dem Eisprung und kann noch für ein bis maximal zwei Tage danach anhalten. Daraus ergibt sich eine mittlere Rossedauer von fünf Tagen. Abweichungen hiervon sind nicht selten. Während bei manchen Stuten nur an einem bis zwei Tagen, teilweise für Stunden, eine deutliche Rosse erkennbar ist, treten vor allem im zeitigen Frühjahr nicht selten Dauerrossen auf, die mehrere Wochen anhalten können.

Nach der Ovulation bestimmt die Stute durch das Abrossen den letztmöglichen Bedeckungszeitpunkt. Mit Überalterung der Eizelle ist zu rechnen, wenn der Abstand zwischen Ovulation und Bedeckung sechs bis zwölf Stunden übersteigt.

Der ausgelaufene Follikel füllt sich alsbald mit Blutkoagula. Gleichzeitig wuchern von seiner Wand her Zellen ein, die den ehemaligen Follikel luteinisieren, d.h. ihn in ein — seiner Farbe wegen — Gelbkörper genanntes Funktionsgebilde verwandeln. Dieser Gelbkörper produziert das Schwangerschaftsfürsorgehormon Progesteron, das in der Gebärmutterschleimhaut die Voraussetzung für die Einnistung der befruchteten Eizelle schafft und gleichzeitig den Wiedereintritt einer erneuten Rosse verhindert.

Kommt es nicht zur Einbettung einer befruchteten Eizelle, dann setzt die Gebärmutter zwischen dem 14. und 17. Tag nach der Ovulation den Wirkstoff Prostaglandin frei, der auf dem Blutwege zum Eierstock gelangt und dort den Gelbkörper außer Funktion setzt. Damit hört die Progesteronwirkung auf und deren Hemmwirkung auf die Hypophyse entfällt. Es kann wieder FSH freigesetzt werden, und mit der Reifung eines neuen Follikels bereitet sich die neue Rosse vor.

Nistet sich eine befruchtete Eizelle ein, dann bleibt der Gelbkörper für etwa sechs Wochen funktionsfähig. Danach wird er durch einen zweiten Gelbkörper abgelöst, der sich zwischenzeitlich aus einem heranwachsenden Follikel gebildet hat. Dieser zweite Gelbkörper produziert das Trächtigkeitsschutzhormon Progesteron etwa bis zum 150. Tag. Für den Rest der Trächtigkeit übernimmt dann die Eihaut, also die Frucht selbst, die Versorgung mit diesem Hormon.

Kapitel IV

Erkrankung der Fortpflanzungsorgane

Die gesundheitlichen Voraussetzungen für den Zuchteinsatz, insbesondere die Geschlechtsgesundheit, sind ständig zu überwachen. Die notwendigen Untersuchungen untergliedern sich in eine äußere und in eine innere Untersuchung. Die äußere Untersuchung erstreckt sich im wesentlichen auf das Rosseverhalten, den Leib, die Milchdrüsen und das äußere Genitale nebst seiner Umgebung.

Die innere Untersuchung besteht aus der rektalen Betastung der inneren Geschlechtsorgane (Eierstöcke, Gebärmutter, Gebärmutterhalskanal) und der vaginalen Untersuchung, die vor allem der Besichtigung des Scheideninneren dient.

Untersuchungen wie Ultraschall, Endoskopie (Besichtigung der Genitalorgane von der Bauchhöhle aus) oder Hysteroskopie (Besichtigung des Gebärmutterinneren) mit Hilfe der entsprechenden Geräte können helfen, den Gesundheitszustand der Stute zu diagnostizieren.

Schließlich sind noch die Entnahmen von Proben für Laboruntersuchungen zu nennen. Dabei handelt es sich in erster Linie um Abstriche der Schleimhaut von Gebärmutter und Gebärmutterhalskanal sowie des Klitorissinus zur mikrobiellen Untersuchung. Ferner können Abstriche der Gebärmutterschleimhaut der zytologischen Untersuchung, also der Prüfung auf Anwesenheit von Entzündungszellen dienen. Aus dem Blutserum lassen sich Hinweise auf bestimmte Keime durch den Nachweis von Antikörpern gewinnen oder der Hormonspiegel ermitteln.

Erblich bedingte Störungen

Diese Art von Störungen spielen bei der Zuchtstute keine wesentliche Rolle. Ausnahmen bilden Zysten in Eileiter und Fimbrien, die allerdings nur sehr selten vorkommen.

Erworbene Erkrankungen

Erkrankungen der Scham

Unzureichender Verschluß der Scham

Ein mangelnder Verschluß der Schamlippe wird oftmals, insbesondere bei Vollblutstuten und bei schlecht genährten Stuten, festgestellt. Diese Erkrankung, die vor allem bei älteren Stuten auftritt, ist auf eine Gewebsüberdehnung oder -einriß während einer vorangegangenen Geburt zurückzuführen. Es besteht die Gefahr, daß anfänglich Luft in die Scheide, später, falls der Zustand unbehandelt bleibt, Luft in die Gebärmutter gelangt. Dies kann zu einer Entzündung der Scheidenschleimhaut und der Gebärmutter führen.

Durch eine plastische Operation kann der Verschluß der Schamspalte wieder erreicht werden. In etwa 70 bis 75% der Fälle ist eine Heilung mit nachfolgender Konzeptionsbereitschaft zu erreichen. Eine vorliegende Gebärmutterentzündung muß natürlich medikamentös behandelt werden.

Dammriß

Bei Schwergeburten und unsachgemäßer Geburtshilfe entstehen öfter mehr oder weniger ausgedehnte Verletzungen der Geburtswege, die zum teilweisen oder totalen Einreißen des Dammes führen können. Bei entstehenden Scheiden-Mastdarmfisteln oder Kloakenbildungen ist mit einer erneuten

Trächtigkeit der Stute nicht zu rechnen. Hier ist ebenfalls ein operativer Eingriff erforderlich.

Geschwülste

Häufiger vorkommende Geschwülste sind die sogenannten Hornperlenkarzinome, die ihren Ausgang von der Klitoris aus nehmen. Diese bösartige Form führt zum Gewebszerfall und kann metastasieren. Der ausgelöste Juckreiz führt durch intensives Scheuern zu Verletzungen der Scham, was wiederum einen erhöhten Infektionsdruck zur Folge hat.

Erkrankungen der Scheide

Pneumovagina

Die Pneumovagina ist eine Folge von Gewebsdefekten nach Schwergeburten sowie bei teilweisem oder totalem Dammriß mit nachfolgendem mangelhaften Verschluß der Schamlippen. Die Pneumovagina kann sich auch bei erheblicher Abmagerung mit daraus resultierendem Gewebsschwund entwickeln. Diese Art der Störung der Scheide kennzeichnet sich bei der Bewegung, beim Hinlegen und Aufstehen, beim Harn- und Kotabsatz durch blubbernde Geräusche. Bei manchen Stuten sind diese Erscheinungen nur während der Rosse zu beobachten. Die ständig ein- und ausströmende Luft und die gleichzeitige Verunreinigung der Scheidenschleimhaut führen zu Affektionen und Störungen der Scheidensekretion. Diese Prozesse können über die Zervix in den Uterus aufsteigen und hier durch Reizung oder Schädigung der Schleimhaut eine Sterilitätsursache bilden. Bei gleichzeitiger offener Zervix ist kaum noch mit einer Fruchtbarkeit zu rechnen. Die Pneumovagina ist einer der Gründe für das Zustandekommen von Genitalinfektionen bei der Stute. Therapeutisch muß eine Verbesserung der körperlichen Verfassung angestrebt oder eine Vulvaplastik durchgeführt werden.

Vaginismus

Hinter dem Begriff des Vaginismus verbirgt sich ein Verschlußspasmus der Vulva und der Scheide, der trotz optimaler Rosse bei Annäherung des Hengstes eintritt. Außerdem wird der Schweif kräftig gegen die Vulva gedrückt, und das weibliche Tier verspannt sich in einer gekrümmten Haltung. Junge, nervöse Stuten werden vor allem von dieser Funktionsstörung befallen. Natürlich darf diese Verhaltensweise nicht mit einer unzureichenden Rosse oder mit den Folgen schmerzhafter Prozesse an Vulva und Vagina (zum Beispiel von einer Deckverletzung) verwechselt werden, bei denen ein Abwehrreflex erklärbar erscheint.

Therapeutisch kann man versuchen, durch mehrmaliges manuelles Öffnen der Vagina die Stute daran zu gewöhnen oder man unterdrückt die Hypernervosität durch die Verabreichung eines Beruhigungsmittels. Sollte sich trotz dieser Maßnahmen der natürliche Sprung als zu riskant herausstellen, verbleibt lediglich der Einsatz der künstlichen Besamung.

Hymen persistens

Gerade bei der Stute kann der Hymen (Jungfernhaut) sehr kräftig entwickelt und dadurch die Scheide vollständig verschlossen sein. Wenn sich vor dem Hymen Scheidenflüssigkeit angehäuft hat, wird unter deren Druck der Hymen als rosafarbiger bis weißer Ballon aus der Schamspalte herausgepreßt. Diese Erscheinung läßt sich während des Harnabsatzes, oder wenn sich das Tier abgelegt hat, am deutlichsten erkennen. Durch einen operativen Eingriff wird die Öffnung erweitert.

Scheidenvorfall

Das sehr seltene Bild eines Scheidenvorfalls wird fast ausschließlich bei Stuten in schlechter körperlicher Verfassung beobachtet. Eine operative Verengung des Scheidenvorhofs und der Schamöffnung sowie eine Verbesserung der körperlichen Verfassung der Stute können in geringgradig ausgeprägten Fällen das Leiden beheben.

Erkrankungen des Muttermunds

Gestalt-, Lage- und Konsistenzveränderung

Ist der Muttermund auf Grund von krankhaften Einflüssen (Narbengewebe) dauernd offen, oder gestattet er seines schlaffen Zustandes wegen das fortwährende oder zeitweise Einströmen von Luft, so ist dies als ein Sterilitätsgrund zu bezeichnen. Denn bei längerer Lufteinwirkung auf die Gebärmutterschleimhaut kommt es zu mehr oder weniger schweren krankhaften Veränderungen, die eine Trächtigkeit unmöglich machen. Nicht allzuselten werden angeborene oder nach Schwergeburten sich einstellende vollständige Verschlüsse der Zervix mit nachfolgenden Sekretstauungen größeren Umfanges in der Gebärmutter festgestellt. Im allgemeinen sind kolikartige Erscheinungen mit starkem Drang auf Harn und Kot damit verbunden.

Die günstigsten Befruchtungsergebnisse sind zwar bei einer beim Deckakt bzw. Orgasmus offener Zervix zu finden, jedoch stellt die verschlossene Zervix, bei der es zu einer Scheidenbesamung kommen muß, keine wesentliche Sterilitätsursache dar.

Krankheiten der Gebärmutter

Gebärmutterschleimhautentzündung

Bis zu 70% der Fertilitätsstörungen der Stute lassen sich auf Gebärmutterentzündungen (Endometritiden) bakterieller Herkunft zurückführen. Jeder Deckakt ist mit Einbringen von Mikroorganismen ins weibliche Genital verbunden. Bei normalem Zyklusverlauf und vollständig ausgebildeter Rosse ist die Abwehrkraft des Uterus zu diesem Zeitpunkt so stark ausgebildet, daß ein Wirken der Erreger verhindert wird.

Unter der Voraussetzung, daß die Nachgeburtsphase ungestört verläuft, heilt auch die in diesem Stadium häufiger auftretende, leichte Endometritis ohne Komplikationen innerhalb weniger Tage von selbst ab.

Unzureichende Ovartätigkeit (Unterfunktion der Östrogensynthese), gestörter Verlauf der Nachgeburtsphase sowie Versagen der anatomischen Verschlußvorrichtungen (z.B. ungenügender Schluß des Hymenalringes) stehen als Störungsfaktoren am Anfang einer Endometritis. Dem Schweregrad der Entzündung entsprechend, besteht die Behandlung hauptsächlich aus Uterusspülungen (mit Antibiotika und/oder Chemotherapeutika) sowie einer angepaßten Deckpause.

Pyometra

Sie stellt eine besondere Form der Endometritis dar, die durch die Füllung des Uterus mit erheblichen Eitermengen gekennzeichnet ist. Der Muttermund ist dabei geschlossen. Die Pyometra wird meist zufällig bei Routineuntersuchungen der Geschlechtsorgane oder erst dann, wenn Allgemeinstörungen (z.B. Abmagerung) eingetreten sind, festgestellt. Ein Aufziehen des Rückens, Pressen und kolikartige Zustände sowie ein mehr oder weniger gelber Ausfluß können auf diese Erkrankung hindeuten.

Gebärmuttersenkung

Zu den häufigsten Störungen im Gebärmutterbereich zählt die Erschlaffung dieses Fortpflanzungsorganes. Dies wird als Gebärmuttersenkung bezeichnet. Die breiten Gebärmutterbänder, die an jedem der beiden Uterushörner ansetzen, sind für die Lage des Uterus in der Bauchhöhle verantwortlich. Die normale Position liegt in der Schwebe über dem Beckenrand, wodurch eine wirksame Drainage und Zirkulation ermöglicht wird. Mit jeder Trächtigkeit nimmt der Gewebespannungszustand des Halteapparates ab, was zu einer Gebärmuttersenkung führt. Ohne eine natürliche Drainage sammelt sich im Uterus Sekret an, die Zirkulation stagniert, und eine Infektion wird möglich.

Krankheiten der Eileiter

Die Eileitererkrankungen spielen bei der Stute eine untergeordnete Rolle. Das Aufsteigen von Erregern oder das Einfließen von infiziertem Uterusinhalt in die Eileiter ist nur schwer möglich, da die Mündungsstellen der Eileiter in die Gebärmutter durch eine zirkuläre Muskelschicht verschlossen werden können.

Krankheiten und Funktionsstörungen der Eierstöcke

Die ovariellen Störungen bilden neben den verschiedenen Arten der Endometritis die häufigste Ursache einer verminderten Fruchtbarkeit. Zumeist sind die Störungen der Eierstocktätigkeit funktioneller Natur. Nichtfunktionelle Ursachen wie zum Beispiel Geschwulstbildungen und Entzündungen sind sehr selten. Die funktionellen Störungen der Ovarien sind Störungen in der Bildung der Follikel und im Follikelwachstum, Störungen in der Reifung der Follikel sowie bei der Ovulation und Störungen der Gelbkörperfunktionen, insbesondere die Lebensdauer in intakter Funktion.

Aufgrund dieser funktionellen Störungen der Eierstöcke bleibt die Rosse aus oder tritt unregelmäßig auf. Eine Ovulation findet nicht statt. Eine Dauerrosse kann auftreten, wenn das Follikelwachstum ungenügend vonstatten geht. Die Variationsbreite der von der Stute gezeigten Symptome sind recht vielfältig. Es ist empfehlenswert, wo immer es machbar ist, die Follikelreifung und den Eisprung rektal zu überwachen. Der erfahrene Tierarzt kann dann, wenn nötig, ganz gezielt hormonell eingreifen.

Azyklie

Unter den wichtigsten Störungen der Eierstocktätigkeit ist zuerst die Funktionslosigkeit der Eierstöcke (= Azyklie) zu nennen. Im Winterhalbjahr kann die Funktionslosigkeit als normale Erscheinung bei vielen Stuten angesehen werden. Bleibt sie aber bestehen, obwohl die entsprechenden Reize (Tageslichtdauer, Fütterung) auf das Tier einwirken, dann kann man versuchen, auf hormonalem Wege einen Anstoß zu geben.

Als Ursache für das Fehlen eines zyklischen Geschehens kommen folgende Störungen in Betracht:
— Hypoplasie der Ovarien (Minderentwicklung)
— Dystrophie der Ovarien (Mangelhafte Organernährung)
— Follikelzysten
— Corpus luteum persistens

Von Follikelzysten spricht man, wenn sich auf den Eierstöcken mehrere kleine Bläschen bilden, aber kein führender Rossefollikel entsteht.

Ein Corpus luteum persistens ist ein Gelbkörper, der sich nicht zurückbildet, sondern fortwährend Progesteron produziert. Eine weitere Ursache der Azyklie trifft man bei Stuten an, die in der Laktation stehen. In dieser Phase entsteht eine Konkurrenzsituation zwischen den die Laktation unterhaltenden Hormonen und den für die Eierstocktätigkeit verantwortlichen Hormonen, wobei letztere nicht mehr in ausreichender Menge synthetisiert werden können. Dies führt bei den Stuten dazu, daß sie nach der Geburt überhaupt keine Rosse zeigen.

Anaphrodisie

Von der »Stillen Brunst« (= Anaphrodisie) wird gesprochen, wenn am Eierstock zwar ein Zyklus abläuft, die Hormonwirkung auf den Organismus aber zu schwach ist, um deutliche Rosseerscheinungen hervorzurufen.

Stuten mit Fohlen bei Fuß und guter Milchleistung zeigen oft die typischen Kennzeichen einer stillen Brunst. Mitunter findet man eine hartnäckige Brunstlosigkeit, wenn die Stuten bei der ersten Brunst nach der Geburt ihres Fohlens nicht gedeckt werden. Meist behebt sich diese Störung nach dem Absetzen des Fohlens. In diesem Fall spricht man von einer Säugenanaphrodisie.

Dauerbrunst

Durch kleinzystische Veränderungen der Eierstöcke kommt meist eine unklare Dauerrosse zustande. Mitunter kann eine solche Rosse aber auch zur Trächtigkeit führen, wenn einer der Follikel zur Reifung und Ovulation kommt.

Die klassische Nymphomanie wird hauptsächlich durch großzystische Erkrankungen am Eierstock hervorgerufen. Mitunter spielen bei solchen Stuten psychische Ursachen die ausschlaggebende Rolle.

Kapitel V

Trächtigkeit der Stute

Vor und nach der Geburt
Das Fohlen in seinen ersten Monaten

Die Trächtigkeit bei den Pferden dauert elf Monate mit einer Schwankungsbreite zwischen 310 und 360 Tagen. Dabei sind Überschreitungen der Durchschnittszeit häufiger als wesentliche Unterschreitungen.

Bereits am 18. Tag nach der letzten Bedeckung kann ein geübter Fachmann die für eine Trächtigkeit typische Kontraktion der Gebärmutter über die rektale Untersuchung feststellen. Meist hebt sich das Fruchtsäckchen bereits in Hühnereigröße ab. Die Frucht nimmt nun laufend an Größe zu und ist mit sechs Wochen etwa gänseei- bis faustgroß. Im dritten Monat erreicht die Gebärmutter etwa Brotlaibgröße. In dem sogenannten Ballonstadium (vierter Monat) ist nun bereits jedes Organ so groß, daß die tastende Hand es nicht mehr nach vorne abzugrenzen vermag, ein Gegenstoßen der Frucht ist teilweise jetzt schon fühlbar.

Der Zeitraum zwischen dem fünften und achten Trächtigkeitsmonat ist dadurch gekennzeichnet, daß sich nun die vergrößernde Gebärmutter nach vorne unter die übrigen Baucheingeweide absenkt. Man spricht deshalb auch von dem sogenannten Senkungsstadium.

Im letzten Drittel der Trächtigkeit beginnt das eigentliche Größenwachstum der Frucht. Im Vorbereitungsstadium der Geburt sind dann meist schon Fohlenteile in der Beckenhöhle zu fühlen.

In jeder Trächtigkeitsphase jedoch kann es zu Störungen kommen. In den ersten drei Monaten spricht man von einer Fruchtresorption, von der rein äußerlich nichts zu erkennen ist, da die Frucht aufgelöst und über den Blutkreislauf abgebaut wird. Eine Trächtigkeitskontrolle um den dritten Monat herum ist daher ungeheuer wichtig, da bei einer eventuellen Resorption eine erneute Bedeckung in derselben Decksaison noch möglich ist.

Die Ursachen für solche Resorptionen können vielfältig sein, z.B. Mangelernährung, sehr starke Milchleistung, hormonelle Störungen. Sollten Stuten die Frucht in diesem Anfangsstadium der Trächtigkeit mehrmals resorbieren, muß auf jeden Fall ein Fachtierarzt hinzugezogen werden. Bei manchen Stuten, z.B. bei älteren Sportstuten, können hormonelle Behandlungen zum Erfolg führen.

Bei einem Abbruch der Trächtigkeit nach dem dritten Monat spricht man von einem Abort der Frucht. Bei einem Abort, der in jedem weiteren Trächtigkeitsstadium auftreten kann, wird die noch nicht ausgereifte und somit nicht lebensfähige Frucht abgestoßen.

Ein großer Anteil an den Fruchtverlusten rührt von Zwillingsträchtigkeiten her. Den Züchtern ist meist nicht bekannt, daß ein hoher Prozentsatz (20%) aller Trächtigkeiten beim Pferd als Zwillingsträchtigkeit beginnt, die meisten sich aber zwischen dem 7. und 11. Tag der Trächtigkeit auf eine Einlingsträchtigkeit reduzieren. Wird jedoch bei der Frühträchtigkeitsuntersuchung noch eine Zwillingsträchtigkeit festgestellt, so sollte man umgehend Gegenmaßnahmen einleiten.

Am einfachsten ist es, die Stute kurzzeitig unter Hungerstreß zu setzen, d.h. man senkt die Futterration sehr stark. In 75 Prozent aller Fälle führt dies zu einer Reduktion auf eine Einlingsfrucht. Wird eine Zwillingsträchtigkeit am Anfang des Jahres festgestellt, ist auch zu überlegen, ob man diese Trächtigkeit hormonell abbricht, in der Hoffnung, daß die nächste Rosse nicht erneut von einer Zwillingsträchtigkeit gefolgt wird.

Statistiken aus der Vollblutzucht zeigen, daß ein Viertel der Aborte durch Infektionen ausgelöst werden. Der Virusabort durch Eyquine Herpesviren liegt seit Jahren an erster Stelle der Infektionsursachen bei Verfohlungen. Der seuchenartig auftretende Abort, meist Ausgang der Trächtigkeit, ist im Grunde genommen nur eine Nebenerscheinung einer Erkrankung der Mutterstute.

Grundsätzlich sollten zwei Vorkehrmaßnahmen getroffen werden: Zum ei-

Das Fohlen wird mit einem erheblich helleren als seinem endgültigen Haarkleid geboren.

In der Rangfolge der Herde nimmt das Fohlen den Platz der Mutter ein. Eine in der Rangfolge hoch angesiedelte Mutter wird meistens auch ein recht selbstbewußtes Fohlen aufziehen.

Dieses mittelbraune Fohlen wird einmal ein dunkelbraunes Pferd werden.
An den Augen sind die dunkleren Stellen schon deutlich zu sehen.

In den ersten Tagen läßt sich ein Fohlen am besten beurteilen. So wie es sich vom zweiten bis zum fünften Tag im Exterieur darstellt, wird es später — im Alter von zweieinhalb bis drei Jahren — im Gesamteindruck wieder aussehen. Unser Foto zeigt ein drei Tage altes Fohlen vom Trakehner-Hengst Kostolany, das zu größten Hoffnungen berechtigt.

Fachleute können auch bei kleinen Fohlen die Bewegungsabläufe beurteilen. Hier ist die Bergauf-Aktion deutlich zu sehen.

Schon nach wenigen Tagen haben die Fohlen gelernt, sich an die Mutter zu halten. Sobald die Gangart schneller wird als Schritt, hängen sie sich wie angeheftet an die Seite der Mutter.

Hengstfohlen lassen in den ersten Monaten in entspanntem Zustand oft den Schlauch etwas hängen — wie auf diesem Foto. Dieses legt sich mit fortschreitendem Alter.

Auch wenn die Fohlen sich in den ersten Wochen kaum von der Mutter fortbewegen, brauchen sie doch dringend die Gesellschaft gleichaltriger Kameraden! Spätestens nach ein paar Wochen haben sich die ersten Fohlenfreundschaften gebildet.

Links: »Sich riechen (leiden) können«, wird von Pferden fast wörtlich genommen: Bekanntschaft schließen alle Pferde — auch Fohlen — indem sie sich ausgiebig beschnüffeln.

Immer noch werden die Pferde im Alter von rund einem halben Jahr mit dem Brandzeichen des jeweiligen Zuchtverbandes versehen. In den meisten Zuchten ist der Heißbrand vorgeschrieben.

Der Brand wird mit dem glühendgemachten Brandeisen auf einen Hinter-
schenkel gebrannt, der Schmerz währt nur wenige Sekunden.

Die Fohlen, die sich schon im ersten Jahr auf der Fohlenkoppel kennenge-
lernt haben, bilden im darauffolgenden Jahr eine kleine Herde.

Im gemeinsamen Spiel und im spielerischen Kampf müssen Fohlen aufwachsen. Nur so lernen sie in der Herde soziales Verhalten, aber auch ihr Durchsetzungsvermögen zu stärken.

Stutenherde mit Fohlen bei Fuß auf dem Weg zur Koppel.

Der Haarwechsel ist noch nicht ganz abgeschlossen, aber die schöne glatte Jacke ist schon gut zu erkennen.

Hat man keine Möglichkeit, das Fohlen im Herdenverband aufzuziehen, so tut es eine solche Kleinfamilie auch.

nen dürfen die hochtragenden Stuten keinesfalls in Kontakt zu möglichen Virusträgern kommen, d.h. im Stutenstall dürfen gegen Ende der Trächtigkeit keine fremden Pferde mehr aufgestallt werden. Zudem ist es günstig, wenn man schon abgefohlte Stuten, die entweder beim Hengst oder auf Schauen waren, nicht mehr in die Gruppe der hochtragenden Stuten zurückstellt.

Zum anderen ist zur Impfung nicht nur der Stuten, sondern des gesamten Bestandes gegen das seuchenhafte Verfohlen zu raten. Diese Impfungen sollen den Stuten ausreichend körpereigene Abwehrstoffe zuführen.

Bei Aborten mit unbekannter Ursache, die in der Vollblutzucht bei rund 30 Prozent liegen, dürfte es sich meist um hormonelle Störungen der Mutterstute handeln. Die Stute produziert in diesen Fällen zu wenig von dem Schwangerschaftsfürsorge-Hormon Progesteron.

Bei allen Verfohlungen ist es wichtig, diese nicht nur als Schicksal hinzunehmen, sondern zu versuchen, die Ursachen zu erforschen. So ist es in der Vollblutzucht Pflicht, abortierte Fohlen zur weiteren Untersuchung in ein Institut einzuschicken. In der Warmblutzucht, in der häufig ein Züchter nur eine Stute hat, wird dies meist unterlassen. So gehen wichtige Informationen, und dies nicht nur für einen speziellen Züchter, verloren. Beispielsweise könnte man bei einem Virusabortbefund die umliegenden Züchter benachrichtigen, wonach diese die Möglichkeit hätten, ihre Stuten noch zu impfen.

Ein ganz anderes Problem stellt die Bewegung der Stuten während der Trächtigkeit dar. Tragende Stuten können in den ersten neun Monaten unbedenklich geritten werden. Ebenso sind Einsätze auf leichteren Turnieren zu Beginn der Trächtigkeit durchaus denkbar. In der letzten Phase der Schwangerschaft sollte man Überbeanspruchungen vermeiden. Ein kontinuierliches Bewegen der Stute bis zum Abfohlen ist jedoch erforderlich. Zusätzlich sollte es eigentlich eine Selbstverständlichkeit sein, daß die tragende Stute täglich auf die Weide gehen kann. All dies erhöht ihre Konstitution und ihr Wohlbefinden und erleichtert den Geburtsvorgang sowie das Nachgeburtsverhalten.

Die Fütterung der Stuten im letzten Drittel der Trächtigkeit muß den Erfordernissen angepaßt werden. Durch die größerwerdende Frucht wird die Bauchregion der Stute eingeengt. Die Verdaubarkeit, vor allem von rohfaserreichem Futter, sinkt. Um somit Energiedefiziten vorzubeugen, sollte man den Rauhfutteranteil an der Gesamtration kürzen und gleichzeitig das

Kraftfutter erhöhen. Dennoch muß ein gewisser Rohfaseranteil vorhanden sein, da die Strukturanteile die Verdauung fördern.

Um den erhöhten Bedarfswerten an Mineral- und Spurenelementen sowie Vitaminen gerecht zu werden, sollte man eine vitaminisierte Mineralstoffmischung zufüttern.

Je näher der Geburtstermin rückt, desto sorgfältiger ist auf eine geregelte Verdauung und auf einen ungestörten Kotabsatz zu achten. Nicht nur bei direkt auftretenden Problemen dieser Art hat sich das Zufüttern von Futtermitteln mit abführender Wirkung (Leinsamen, Weizenkleie) bewährt, sondern man sollte hier bereits vorbeugend handeln. Generell ist natürlich auf eine einwandfreie Qualität des Futters zu achten, da dies ebenso wie ein plötzlicher Futterwechsel zu Störungen der Trächtigkeit führen kann.

Entwurmungen der Zuchtstuten sollten möglichst nicht im letzten Abschnitt der Trächtigkeit, d.h. nach dem neunten Monat, durchgeführt werden, da jede Wurmkur den Gesamtorganismus belastet und zudem eine gewisse Gefahr der Verfohlung in sich birgt.

Vorbereitung auf die Geburt

Gegen Ende der Trächtigkeit sollten rechtzeitig Vorbereitungen für eine Abfohlung getroffen werden. Als erstes wäre hier die Abfohlbox zu nennen. Sie sollte groß genug sein (bei Warmblutstuten ca. 16 qm) und muß gründlich gesäubert, desinfiziert, trocken, zugluftfrei und reichlich eingestreut sein. Wichtig ist außerdem, daß die Geburtsbox von außen einsehbar ist, da nur so eine ungestörte Geburtsüberwachung möglich ist. Bei zu kalten Stallungen (unter 10 °C) ist das Anbringen einer Wärmequelle vorteilhaft.

Die Einstallung in die Abfohlbox sollte nicht erst in den letzten Tagen, sondern bereits einige Wochen vor dem Geburtstermin geschehen. Zum einen kann sich die Stute an die neue Umgebung gewöhnen, zum anderen aber ist es notwendig, daß sich als Reaktion auf spezifische Keime der betreffenden Box rechtzeitig Antikörper bilden, die dann ebenfalls über die Kolostralmilch auf das neugeborene Fohlen übergehen und dieses vor möglichen Infektionen unmittelbar nach der Geburt schützen.

Zur Vorbereitung der Geburt gehört, daß alle Hilfsmittel, die für eine Geburt — eventuell auch für eine Problemgeburt — notwendig sind, bereitgestellt werden. Zu den Hilfsmitteln zählen die Geburtsstricke für eine möglicherweise notwendig werdende Zughilfe, saubere Tücher zur Reinigung der Scheide bei der Stute und des Nasenbereichs beim Neugeborenen, eine Schweifbinde und eine Jodlösung für die Desinfektion des Nabels.

Warmes Wasser benötigt man in Verbindung mit einer Desinfektionslösung zum Waschen der Stute, ebenfalls muß der Tierarzt vor einem Eingreifen in den Geburtskanal die Möglichkeit haben, sich die Hände zu waschen. Kaltes Wasser muß auch bereitstehen und kann für einen Guß in den Kopf-Nacken-Bereich notwendig werden, wenn die Atmung des neugeborenen Fohlens nicht recht in Gang kommen will.

Bei allen Vorbereitungen gilt ein Grundsatz: *es muß absolute Sauberkeit herrschen.*

Die Geburtsanzeichen

Da die Trächtigkeitsdauer beim Pferd eine relativ große Schwankungsbreite hat, kommt es auf die Beobachtung der äußerlich sichtbaren, geburtsvorbereitenden Vorgänge an, um den Geburtszeitpunkt näher bestimmen zu können. Erstes Anzeichen ist die Schwellung des Euters. Sechs Wochen vor der Geburt nimmt das Euter deutlich an Umfang zu. Gegen Ende der Trächtigkeit treten die zunächst im schwellenden Euter eingezogenen Zitzenspitzen heraus.

Ist an den Zitzenspitzen eine gelblich-klebrige Flüssigkeit zu sehen, die sogenannten Harztropfen, so ist dies ein Zeichen für das Einsetzen der Euterfunktion. Allerdings bedeutet dies nicht gleichzeitig, daß die Stute in den nächsten Stunden fohlt. Je nach Veranlagung der Stute können noch einige Tage bis zur Geburt vergehen.

Als ein relativ sicheres Anzeichen für eine baldige Geburt ist das Einschießen der Milch zu betrachten. An den Zitzenspitzen sind dann Milchtropfen erkennbar; bei einigen Stuten läuft sogar die Milch im Strahl ab. Dennoch gibt es auch Stuten, die dann noch die Geburt um Tage hinauszögern. Kurz vor der Geburt wird die Beckenmuskulatur neben dem Schweifansatz schlaff, die Kruppe flacht ab und fällt etwas ein. Die Scham ist gelockert und eventuell sogar etwas angeschwollen. Ein weiteres Anzeichen für eine unmittelbar bevorstehende Geburt ist die Körpertemperatur. In den meisten Fällen senkt sich die Temperatur 12-24 Stunden vor der Geburt um ca. 1 °C.

Wie man aus all den beschriebenen Veränderungen allerdings erkennen kann, gibt es keine hundertprozentig sicheren Geburtsanzeichen. Es gibt vereinzelt sogar Stuten, die ohne deutliche Ausprägungen eines dieser Anzeichen abfohlen.

Eine Geburtsüberwachung ist unerläßlich, und auf die ständige Anwesenheit einer Person in der Nähe der Box sollte man nicht verzichten. Dies ist einleuchtend, wenn man bedenkt, daß eine normal verlaufende Geburt bei der Stute innerhalb von 20-30 Minuten vom Beginn der Geburt bis zum vollständigen Herausgleiten des Fohlens abgeschlossen sein kann.

Wird die Stute jedoch immer nur in einem bestimmten Zeitintervall (z.B. eine Stunde) beobachtet, so kann es oft schon zum hilfreichen Eingreifen zu spät sein, wenn sich z.B. die Eihaut nicht öffnet und das Fohlen jämmerlich erstickt. Eine Nachlässigkeit in diesen Dingen kann den Lohn und den Aufwand eines ganzen Jahres zunichte machen.

Die Geburt

Als ein Grundsatz gilt, daß während der Geburt im Stall und Umgebung absolute Ruhe zu herrschen hat. Es sollen jetzt so wenig wie möglich äußere Reize (Lärm, Unruhe, zu helles Licht) das gebärende Tier stören. Die Stute kann dadurch so stark irritiert werden, daß der Geburtsverlauf zum Stillstand kommt oder aber sich stark verzögert. Dies ist auch eine Erklärung dafür, daß die meisten Geburten nachts erfolgen. Der überaus größte Teil der Stuten fohlt zwischen 21.00 und 3.00 Uhr. In ruhigen Ställen sind aber durchaus auch Geburten während des Tages möglich.

In der ersten Phase oder auch Vorbereitungsphase wird die Stute unruhig, schlägt mit dem Schweif, tritt gegen ihren Bauch und steht oft sehr breitbeinig. Die Geburt kündigt sich nun mit sehr kolikähnlichen Erscheinungen an. Schweißausbrüche an den Schultern und den Flanken deuten an, daß die Geburt eingesetzt hat. Zwischenzeitlich ist der Geburtsweg im Bereich des Muttermundes und der Scheide durch Muskelerschlaffung vorbereitet, um den Durchtritt der Fruchtblase und des Fohlens zu ermöglichen.

Die Gebärmuttermuskulatur zieht sich nun zusammen und übt einen Druck auf die beiden die Frucht umlagernden Hüllen aus. Die Wehen werden äußerlich sichtbar. Der wichtigste Vorgang in der Vorbereitungsphase, die etwa 2-4 Stunden dauert, ist die Drehung der Frucht. Das Fohlen liegt bis kurz vor der Geburt mit dem Kopf nach unten in der Gebärmutter. Nach dieser Drehung liegt das Fohlen mit dem Rücken nach oben und hat den Kopf in Richtung Scheide neben den beiden Vorderbeinen liegen. Bei einer normal verlaufenden Geburt sieht man also zuerst zwei Hufe und kurz danach Mund und Nüstern des Neugeborenen.

Diese normale Lage des Fohlens nennt man auch die Vorderendlage. Bei all den anderen vorstellbaren Fehllagen (ca. 5 Prozent) wie z.B. die Hinterendlage (Hinterbeine zuerst), die Kopf-Seiten-Lage (der Kopf liegt seitlich), oder die Karpal-Beuge-Haltung (Vorderfußwurzelgelenk ist einseitig oder gar beidseitig angewinkelt) sollte umgehend der Tierarzt (Telefonnummer bereithalten) benachrichtigt werden.

Gegen Ende der Öffnungsphase kann auch wieder eine Ruheperiode eintreten, bei der die Stute sogar frißt. Die zweite Phase (Austreibungsphase) beginnt mit dem Erscheinen der Allantoisblase. Sie enthält rund 10 Liter Flüssigkeit und wird vor dem Fötus durch die Geburtswege gepreßt. Diese Blase weitet die Geburtswege, tritt aus der Scheide aus und platzt dann meist von allein.

Die Kontraktion der Gebärmutter, also die Wehe, wird nun stärker. Die Stute liegt in dieser Phase meist auf der Seite und streckt die Beine von sich, was die Wehen noch unterstützt. Wenn die Stute sich hinlegt, muß darauf geachtet werden, daß die Austreibung des Fohlens nicht verhindert wird. In diesem Fall nimmt man die Stute am Halfter und dreht sie in die geeignete Position.

Nun tritt die zweite Hülle, die gefüllt ist mit Amnionsflüssigkeit, einem unentbehrlichen Gleitmittel, hervor. Kurze Zeit später sind auch schon die Hufe sowie die Nüstern zu sehen. Nach einigen Preßwehen schiebt sich der Kopf zwischen den Vorderbeinen liegend aus der Schamspalte.

Um das Durchgleiten des Fohlens durch das knöcherne Becken der Mutter zu erleichtern, wird das Fohlen von Natur aus Richtung Euter gedreht. In dieser Situation werden nur teilweise Zughilfen nötig, u.a. bei zu großen Fohlen oder bei Stuten, deren Geburtswege noch nicht weit genug sind, oder bei Stuten, deren Wehentätigkeit zu schwach ist.

Bei erforderlichen Geburtshilfen sind mehrere Grundsätze zu beachten: Beim Ziehen an den Vorderbeinen muß man die oben beschriebene Zugrichtung unbedingt einhalten, d.h. man zieht das Fohlen in Richtung Euter. Die Zughilfe muß im Takt mit den Wehen erfolgen. Wichtig ist jedoch zu wissen, daß jede zu früh einsetzende Zughilfe den Geburtsverlauf stören kann, u.a. können dadurch bei noch ungenügender Weitung der Geburtswege schwerwiegende innere Verletzungen bei der Stute entstehen. Gerade unerfahrene Züchter sollten nicht zu früh eingreifen, bei allem Verständnis für ihre Ungeduld und dem Wunsch zu helfen.

Sind nun Kopf, Schulter und Bauch des Fohlens zu sehen, tritt häufig eine kleine »Verschnaufpause« ein, bevor dann relativ schnell und mit bedeutend weniger Mühe die Hinterbeine austreten. Normalerweise wird durch die Bewegung des Fohlens, vor allem mit den Vorderbeinen, die zweite Hülle eingerissen, sobald die Vorderbeine und der Kopf ausgetreten sind. Geht die derbe und feste Haut jedoch nicht auf, so muß sie von einem Geburtshelfer aufgerissen werden, und dieser sollte gleichzeitig die Nüstern des Fohlens von eventuellen Resten der Fruchthülle und von Schleim säubern.

Bleibt die Eihaut geschlossen, so wird das Einsetzen der Atmung verhindert, und das Fohlen erstickt. Auch hier ist wieder auf absolute Sauberkeit zu achten, um eine unnötige Übertragung von Keimen zu vermeiden. Saubere Hände oder Einmalhandschuhe sind notwendig!

Da unsere Zuchtstuten heute durch eine gewisse Überzüchtung relativ große Fohlen zur Welt bringen und dafür sehr viel Kraft benötigen, sind sie meist nicht mehr in der Lage, nach der Geburt sofort aufzustehen und die eventuell noch geschlossene Eihaut selbst zu öffnen. Zu diesem Zeitpunkt muß man auf die Atembewegungen des Fohlens achten. Fehlen diese, muß das Beginnen der Atmung *sofort* angeregt werden. Ein Kaltwasserguß in den Nacken einerseits, andererseits ein Wechseldruck mit beiden Händen auf den Brustkorb, im Takt mit der schwachen Atmung des Fohlens, können spontan helfen.

Die Nabelschnur reißt normalerweise beim Aufstehen der Mutter an der dafür vorgesehenen »Soll-Bruch-Stelle«. Es wäre falsch, den Nabelstrang bei einer normalen Geburt sofort, nachdem das Fohlen ganz heraus ist, manuell zu trennen, denn solange die Verbindung zwischen der Stute und dem Fohlen besteht, fließen noch größere Mengen sauerstoffreichen Blutes (ca. 0,5 l) durch den Nabel. Dies führt natürlich zu einer Stärkung des Fohlens.

Man weiß sogar aus der Praxis, daß es bei Fohlen, bei denen die Nabelschnur zu früh gerissen ist, oder bei denen die Nabelschnur während der

Geburt eingeklemmt wurde, zu einer Sauerstoffunterversorgung des Blutes kommen kann, was wiederum zu lebensschwachen Fohlen führt. Scheint eine Durchtrennung des Nabels notwendig, so empfiehlt es sich, diese durch Drehung des Nabelstrangs zu erreichen und ihn nicht abzureißen.

Der Nabelstumpf (ca. 5 bis 8 cm lang) wird dann mit Hilfe einer vorher bereitgestellten Jodtinktur oder Jodoformlösung desinfiziert. Ein Muskelband um die Nabelgefäße führt zu einem natürlichem Verschluß. Auf keinen Fall sollte der Nabelstumpf abgebunden werden, denn der Inhalt der Nabelgefäße würde sich anstauen, und eine Entzündung wäre die Folge.

Das dritte Stadium der Geburt ist die Nachgeburtsphase, wobei die Eihäute ausgetrieben werden. Nachdem sich die Hüllen von der Gebärmutter gelöst haben, werden diese durch Kontrahieren der Gebärmutter ausgepreßt. Damit die Stute nicht auf die Nachgeburt tritt, wird ein Knoten in die Nachgeburtsteile gemacht! An der Nachgeburt darf *niemals* gezogen werden, da es sonst zu inneren Verletzungen der Stute kommen kann. Ist die Nachgeburt nach zwei Stunden noch nicht abgegangen, sollte ein Tierarzt zu Rate gezogen werden, der dann mit Hilfe von Wehenmitteln die Ablösung vorantreibt. Bei zu langem Nachgeburtsverlauf (mehr als zwei Stunden) besteht die Gefahr von Huf- bzw. Geburtsrehe bei der Stute.

Auf den kompletten Abgang der Nachgeburt muß geachtet werden. Die Eihäute sollten auf jeden Fall dem Tierarzt gezeigt werden, der diese dann auf Vollständigkeit überprüft. Das Verbleiben kleinster Reste in der Gebärmutter kann zu schweren Erkrankungen führen, so z.B. Hufrehe, fieberhaften Erkrankungen oder Gebärmutterentzündungen. Am häufigsten tritt die Geburtsrehe ein. Sie ist äußerlich am klammen, unsicheren Gang der Stute und an einer eigenartigen Stellung der Gliedmaßen zu erkennen.

Mitunter geht mit der Nachgeburt ein braunes Gebilde, das sog. Fohlenbrot, ab, das durch Abschnürung von Eihautteilen entsteht, aber ansonsten keine besondere Bedeutung hat. Die Geburt ist im Regelfall innerhalb im Bereich von drei Minuten (!) bis zu einer Stunde abgeschlossen. Alles, was darüber hinausgeht, deutet auf eine Unregelmäßigkeit hin.

Nochmals sei darauf hingewiesen, daß es unbedingt notwendig ist, bei allen auftretenden Schwierigkeiten umgehend den Tierarzt zu holen.

Eine Geburtsaufzeichnung, d.h. den Verlauf, den Zeitpunkt und die besonderen Anzeichen vor der Geburt zu notieren, ist durchaus sinnvoll. Für eine anstehende Geburt derselben Stute im nächsten Jahr können diese Aufzeichnungen zu einem wertvollen Hilfsmittel werden.

Die eigentliche Geburt ist nun abgeschlossen. Im Normalfall steht die Mutter wenige Minuten danach auf und leckt ihr Fohlen ab. So trocknet sie ihr Kind und regt gleichzeitig seinen Blutkreislauf an. Eine wertvolle Unterstützung hierbei kann man durch Abreiben mit Strohwischen erreichen. Bleibt die Stute wegen starker Erschöpfung längere Zeit liegen, sollte man das Fohlen zum Kopf der Stute tragen.

Nach etwa 10 bis 20 Minuten unternimmt das Fohlen die ersten Aufstehversuche, und der Weg führt Richtung Euter. Erste Versuche, Milch aufzunehmen, können mißlingen, obwohl der Saug- und Schluckreflex beim Fohlen bereits voll ausgebildet ist. Sowohl bei lebensschwachen als auch bei zu kleinen Fohlen von großen Müttern muß man vorsichtig und in Ruhe versuchen, den Kopf des Fohlens zum Euter zu bringen. Wehrt die Stute sich gegen das Säugen (vor allem Jungstuten oder Stuten mit prall gefülltem Euter), sollte sie gehalten und beruhigt werden. Ein leichtes Massieren des Euters verschafft der Stute oft Erleichterung, und dann erlaubt sie dem Fohlen zu trinken. Manchmal allerdings muß dann doch energischer nachgeholfen werden, und man kommt um das Anlegen einer Nasenbremse nicht herum.

Mit der ersten Milch nimmt das Fohlen Schutzstoffe auf, die die Abwehrkraft des Körpers gegenüber Infektionen stärken. Da das Fohlen ohne diese Schutzstoffe geboren wird, ist die Biest- oder Kolostralmilch von lebenserhaltender Bedeutung. Die Kolostralmilch, die neben den Schutzstoffen (Antikörper — Immunglobuline) auch Nährstoffe enthält, muß aber in den ersten Stunden nach der Geburt (bis zu höchstens sechs Stunden) aufgenommen werden, da nur in dieser Zeitspanne der Darm für diese Antikörper durchlässig ist.

Bei Fohlen, die nicht zum Euter der Stute kommen, muß diese Kolostralmilch mit Hilfe einer Flasche eingegeben werden, vorausgesetzt, der Schluckreflex ist ausgeprägt genug. Ist dies nicht der Fall, sollte ebenfalls sofort der Tierarzt geholt werden, der dann versuchen wird, mit Hilfe einer Nasenschlundsonde dem Fohlen die Kolostralmilch zu verabreichen.

Bei fehlender oder zu geringer Milchproduktion sollte dem Fohlen Kolostrum einer anderen Stute aus dem gleichen Stall gegeben werden. Deshalb empfiehlt es sich, für größere Bestände Kolostrumpackungen einzufrieren. Diese 1 Liter-Portionen sind bei einer Lagerung von -20 °C über mehrere Jahre haltbar.

Immer dann, wenn Zweifel bestehen ob das Fohlen rechtzeitig und ausreichend Kolostrum aufgenommen hat, sollte die Antikörpermenge im Blut durch einen Tierarzt kontrolliert werden. Geschieht dies innerhalb der ersten 20 Stunden nach der Geburt, können im Falle einer Unterversorgung Gegenmaßnahmen noch erfolgversprechend unternommen werden.

Die rechtzeitige Aufnahme der Kolostralmilch dient allerdings nicht nur zum Aufbau der Abwehrstoffe, sondern auch zum Abgehen des Darmpechs. Das Fohlenpech, das während der Trächtigkeit im Enddarm des Fohlens gebildet wird, ist schwarz, sehr klebrig und riecht kaum. Normalerweise geht es innerhalb von 5 bis 10 Stunden ab. Ist dies nicht der Fall, kann es zu starken Verstopfungen kommen. Diese äußern sich durch starkes Pressen, Wälzen und durch Nachlassen des Saugtriebes. Bald läßt auch die Bewegungsfreudigkeit nach, das Fohlen steht matt herum oder liegt viel.

Ein Tierarzt muß umgehend eingeschaltet werden, der dann mit Hilfe von Paraffinöleinläufen versuchen wird, das Darmpech zu entfernen. Verändert sich die Konsistenz des Kotes, d.h. wird dieser gelblich-bräunlich und etwas flüssiger, so kann man davon ausgehen, daß das Darmpech abgegangen ist. Neben der Kontrolle des Kotes muß auch das Harnablassen beobachtet werden.

Nach rund einem Tag muß der Nabelstrang kontrolliert werden. Bei einem feuchten Nabel muß dieser mehrmals gereinigt (Kamillelösung) und erneut mit einer Jodlösung desinfiziert werden, um Entzündungen vorzubeugen. Bei Nabelentzündungen ist der Nabelstrang verdickt und die Umgebung des Nabels ist entzündet. Die Hauptgründe für solche Nabelinfektionen, die durch Bakterien (Streptokokken) ausgelöst werden, liegen meistens in einer ungenügenden Hygiene in der Box und in einer unsachgemäßen Nabelstumpfbehandlung.

Am Ende des ersten Tages nach der Geburt hat sich in der Praxis die Impfung des Fohlens gegen *Fohlenlähme* (mit einem Penicillin-Streptomycin Präparat) und gegen die *Weißmuskelkrankheit* (Vitamin E/Selen) bewährt.

Die Fohlenlähme ist eine Infektion, die durch Bakterien (Streptokokken) ausgelöst wird. Sie ist die weitverbreiteste Fohlenkrankheit und tritt in den ersten Lebensstunden, aber auch noch nach Tagen auf. Wegen ihres oft tödlichen Verlaufs wird sie sehr gefürchtet. Die verursachenden Bakterien sind überall vorhanden und werden dem Fohlen z.T. sogar über die Muttermilch oder über die Gebärmutter mitgegeben. Die Infektion erfolgt häufig während der Geburt durch Eindringen der Erreger in die Nabelgefäße oder durch Aufnahme mit dem Fruchtwasser. Da das Neugeborene selbst keine Abwehrstoffe besitzt, ist es unbedingt notwendig, daß das Fohlen genügend Kolostralmilch von der Mutterstute erhält.

Größte Bedeutung kommt natürlich der allgemeinen Hygiene zu, die zu einer Keimverringerung beiträgt. Hierzu gehören neben der Stallhygiene die Zuchthygiene und die Geburtshygiene. So ist z.B. bekannt, daß bei Karotinunterversorgung die Bereitschaft gegenüber Infektionen durch Streptokokken zunimmt. Diese Hygienemaßnahmen beginnen bereits beim Decken, denn durch den Deckakt können bereits Keime in den inneren Genitalbereich der Stute gelangen. Grundsätzlich ist überall und allerorts auf größte Sauberkeit zu achten.

Ein sehr großes Risiko ist mit dem Umstallen der Stute kurz vor der Geburt verbunden. Dies bezieht sich sowohl auf das Umstallen innerhalb eines Betriebes als auch auf den Wechsel in einen anderen Bestand. In den anderen Stallungen sind Erreger vorhanden, gegen die die Stute zum Zeitpunkt der Geburt noch keine Antikörper gebildet hat, und somit ist das Fohlen gegenüber diesen Keimen völlig ungeschützt.

Die Weißmuskelkrankheit ist eine Stoffwechselkrankheit, bei der das Vitamin E und das Spurenelement Selen offenbar eine zentrale Rolle spielen. Eine Unterversorgung dieser beiden Stoffe führt zu einer Unterbrechung der Stoffwechselkette und hat eine Zellmembranzerstörung zur Folge, wofür besonders die Skelettmuskulatur empfindlich ist. Das Krankheitsbild ist ähnlich wie bei lebensschwachen Fohlen oder wie bei der Fohlenlähme und durch eine Muskelschwäche des Neugeborenen geprägt.

Wissenschaftliche Untersuchungen haben gezeigt, daß die Ursache häufig bereits bei der Mutterstute in einer Mangelernährung mit Vitamin E und Selen liegt. Wie schon erwähnt, ist die Impfung des Fohlens am ersten Tag mit gerade diesen beiden Stoffen eine Vorsichtsmaßnahme.

Am dritten Tag nach der Geburt sollten erneut Penicillin und Streptomycin gegen die Fohlenlähme gegeben werden. Dies ist notwendig, da das Antibiotikum nur über einen gewissen Zeitraum wirksam ist. Ziel dieser Imfpung ist es, einen Schutz des Neugeborenen in der ersten Lebenswoche zu erreichen, da es gerade in dieser Zeit noch relativ schwach und somit für Infektionen besonders anfällig ist.

Gleichzeitig mit dieser Injektion hat sich eine Gabe von Vitamin ADE bewährt, die eventuelle Vitaminmängel ausgleichen soll. Am neunten Tag ist eine nochmalige Gabe von Vitamin E/Selen gegen die Weißmuskelkrankheit in der Praxis üblich.

Bereits zu diesem Zeitpunkt sollte auch die erste Wurmkur durchgeführt werden, die sich hauptsächlich gegen den Spulwurmbefall richtet. Spulwürmer findet man in den Zuchtställen sehr häufig. Die Larven dieser Spulwürmer werden von der Mutter über die Milch an das Fohlen weitergegeben. Bereits zehn Tage nach der Infektion sind die Larven geschlechtsreif, und deshalb kann das Fohlen bereits jetzt erkrankt sein. Bei einer Infektion der Saugfohlen kommt es zwischen dem neunten und sechzehnten Lebenstag zu *starkem* Durchfall, der sehr häufig mit dem *leichteren* Durchfall, der während der Rosse der Mutterstute entstehen kann, verwechselt wird.

Verbunden mit dem Durchfall gehen wechselnde Freßlust, Mattigkeit, zunehmende Abmagerung, struppiges Fell, blasse Schleimhäute und Entwicklungsstörungen einher.

Als wirksames und nicht zu scharfes Wurmmittel hat sich Cambenzole bewährt, das ab dem neunten Tag in Abständen von jeweils 14 Tagen gegeben werden muß. Ab dem 50. Tag reicht dann eine Entwurmung alle zwei Monate. Eine Kotprobe gibt zudem Aufschluß über den augenblicklichen Stand und macht bei einem Befall mit diesen Würmern gezielte Maßnahmen möglich. Mit zunehmendem Alter sollte das Wurmmittel gewechselt werden. Eine vorherige Absprache mit dem Tierarzt ist notwendig. Selbstverständlich sollten alle Fohlen des Bestandes sowie die Mutterstuten in diese Wurmkuren miteinbezogen werden. Grundsätzlich müssen bei einem erkrankten Bestand ca. vier bis fünf Tage nach der Wurmkur die Einstreu vollständig entfernt und die Stallungen gründlich desinfiziert werden.

Wie schon angesprochen, hat die Stutenmilch etwa sechs bis neun Tage nach der Geburt mit Einsetzen der Rosse Eigenschaften, die bei dem Fohlen einen leichteren Durchfall hervorrufen. Diese Diarrhoe ist harmlos und geht von selbst vorüber. Anders zu beurteilen sind Durchfälle, die durch andere Ursachen entstehen und längere Zeit verstärkt andauern.

Der Durchfall aufgrund von Spulwürmerbefall wurde ja bereits angesprochen. Ein Durchfall kann aber auch durch zu reichliche und nährstoffreiche Fütterung entstehen. Weitaus gefährlicher jedoch ist die Fohlenruhr. Schon wenige Tage nach der Geburt sondert das Fohlen einen dünnflüssigen, gelblichen, sehr übel riechenden Kot ab, der auch Blutbeimengungen enthalten kann. Die Sauglust läßt nach, der Futterzustand des Fohlens verschlechtert sich, kolikartige Erscheinungen sowie Anzeichen von einer Lungenentzündung und Atembeschwerden sind typische Symptome. Schon nach 14tägiger Krankheitsdauer können die Fohlen verenden. Das Beiholen eines Tierarztes muß auch hier als Selbstverständlichkeit gelten.

Bei einigen Fohlen findet man ein kleines Säckchen unten am Bauch, das aus Bauchfell und Haut besteht. Hier handelt es sich um einen Nabelbruch, d.h. die Bauchwand ist im Bereich des Nabels nicht geschlossen. Nabelbruch ist eine angeborene Anomalie.

Eine Operation sollte erst nach ca. einem Jahr durchgeführt werden, da die Möglichkeit besteht, daß diese Öffnung von allein zuwächst. Sie muß nur dann umgehend eingeleitet werden, wenn die Gefahr besteht, daß der Dünndarm in diese Öffnung rutscht, und der Darm womöglich abgeklemmt wird.

Das Fohlen in den ersten Wochen

Stuten gebären ihre Fohlen vor allem zwischen dem 335. und 340. Tag nach der letzten Bedeckung. Übertragungen von bis zu vier Wochen und verfrühte Geburten sind möglich. Bei Fohlen, die rund vier Wochen vor dem errechneten Geburtstermin zur Welt kommen, ist eine Aufzucht normalerweise erfolgreich. Das Knochengerüst ist nach zehn Monaten im Mutterleib bereits schon so gut ausgebildet, und die Organe sind so funktionsfähig, so daß es sehr wahrscheinlich ist, daß ein in diesem Zeitraum zu früh geborenes Fohlen absolut normal und lebensfähig ist.

Doch bei frühgeborenen Fohlen muß besonders auf den Infektionsschutz geachtet werden. Solche Fohlen sollten innerhalb der ersten zwei Lebensstunden die Kolostralmilch der Mutter aufgenommen haben. Besonders bei Frühgeburten ist darauf zu achten, daß die Mutter sich — wegen der Frühgeburt — erst zu kurze Zeit in der Abfohlbox befindet, und in diesen wenigen Tagen noch keine Antikörper gegen mögliche Infektionen, die aus der Abfohlbox resultieren, aufbauen konnte. In solch einem Fall ist der Tierarzt zu Rate zu ziehen, der das Fohlen mit dem nötigen Schutz versieht.

Ältere Stuten tragen oftmals etwas länger als jüngere Stuten. Besonders gut genährte Stuten bringen zwar keine besonders schweren Fohlen zur Welt — fohlen aber häufig besonders pünktlich. Bei etwas schlechter genährten Stuten kann es zu Übertragungen kommen, weil die Mutter länger braucht, das Fohlen »geburtsreif« zu entwickeln. Oftmals ist auch zu beobachten, daß Hengstfohlen etwas länger ausgetragen werden als Stutfohlen, woraus sich ihr meist höheres Geburtsgewicht erklärt.

Das Gewicht des neugeborenen Fohlens beträgt rund zehn Prozent des Gewichtes, das es als ausgewachsenes Pferd erreichen wird, und es kommt mit 60 bis 65 Prozent seiner späteren Endgröße zur Welt, wobei ausschließlich die Widerristhöhe zugrunde zu legen ist.

Schon nach rund 60 Tagen haben die Fohlen ihr Geburtsgewicht verdoppelt, das entspricht einer täglichen Gewichtszunahme von 1.000 Gramm.

Manche Stuten geben zu wenig Milch. Da dies nicht meßbar ist, sondern sich nur am Zustand des Fohlens ablesen läßt, muß man das Fohlen besonders gut beobachten. Die Fohlen gehen an das Euter, um ihren Hunger zu stillen, wenn sie in der Nierenpartie eingefallen und irgendwie hochgezogen wirken. Sind die Fohlen nun auch noch nach dem Saufen in dieser Körperpartie hohl und nicht »ausgefüllt«, könnte es tatsächlich sein, daß die Mutter nicht ausreichend Milch hat, d.h. man muß das Fohlen auch zeitweise während des Saufens betrachten. Fohlen, die nicht ausreichend Milch bekommen, sind aufgeregt und nervös, wechseln während des Saufens laufend die Zitzen und auch die Seite am Mutterleib, stampfen unwillig auf, grunzen mißmutig oder geben andere Unmutslaute von sich. Gesundheitszustand von Mutter und auch Fohlen sind bei solchen Feststellungen unverzüglich zu überprüfen. Um die Milchleistung der Mutter zu erhöhen, muß geprüft werden, ob die Futterration ausreicht oder gegebenenfalls erhöht werden muß. Zeigt dieses keinen Erfolg, ist eine Zufütterung von tierischem Eiweiß meistens von Erfolg gekrönt. Indem man der Mutter Magermilchpulver zufüttert, reagiert sie in den meisten Fällen mit einer raschen Erhöhung der Milchproduktion. Wenn all diese Maßnahmen nicht helfen, muß man erwägen, das Fohlen per Flasche zusätzlich mit Fohlenmilch zu ernähren.

Frische Luft und Bewegung sind für ein Fohlen von den ersten Tagen an sehr wichtig. Wegen der potentiellen Verletzungsgefahr sei dringend dazu geraten, Mütter mit kleinen Fohlen nur in eine Herde anderer tragender Stuten oder schon Fohlen bei Fuß führender Stuten mitlaufen zu lassen. Bei vielen Züchtern stellt das ein echtes Problem dar, weil nur eine einzelne Stute ein Fohlen zur Welt gebracht hat. Zwar ist die Mutter in den ersten Tagen nach der Geburt mit ihrem Fohlen so sehr beschäftigt, daß sie ihre Herde kaum vermissen wird — doch schon bald verspürt sie wieder den Drang nach ihren Pferdekollegen.

In jedem Fall aber sollte man Mutter und Fohlen die ersten drei bis fünf Tage allein lassen. Beide brauchen diese Zeit als Angewöhnungszeit; das Fohlen lernt, den Geruch der Mutter aufzunehmen und im Gedächtnis zu speichern. Kommen nämlich Mutter und Fohlen gleich am ersten oder zweiten Tag auf eine Koppel mit anderen Pferden, erkennt das Kleine seine Mutter meistens noch gar nicht wieder, wenn es sich einmal verlaufen hat. Die Mutter hingegen sucht nervös und aufgeregt nach ihrem Kind und versetzt schließlich die ganze Herde in Aufregung — wie schnell kann es da zu Verletzungen kommen!

Aber schon nach drei Tagen wird man deutlich feststellen können, wie gut das Fohlen an seiner Mutter »hängt«, wenn man beide nun zum ersten Male aus der Box führt.

Eine Herde reagiert immer neugierig auf ein neues Pferd — auch auf ein Fohlen. Alle Herdenmitglieder müssen, nachdem sich die erste Aufregung über den Neuzugang gelegt hat, das Fohlen beschnuppern und Kontakt aufnehmen, wobei die Reihenfolge der Rangfolge eingehalten wird.

Das Fohlen nimmt in der Herde den gleichen Rang wie seine Mutter ein. Rangniedere Pferde werden sich also dem Fohlen nur mit dem allergrößten Respekt und sehr vorsichtig nähern.

Fohlen untereinander brauchen manchmal geraume Zeit, um sich kennenzulernen und um miteinander zu spielen, das kann sogar viele Wochen dauern, wobei es eine entscheidende Rolle spielt, wie gut sich die Mütter verstehen. Zwei Stuten, die im Stall nebeneinander stehen und auch auf der Koppel ein Paar bilden, werden sich rasch bei der Beaufsichtigung ihrer Fohlen abwechseln, ihre Fohlen sind sehr schnell miteinander vertraut, und es ist tatsächlich auch möglich, daß die Fohlen am Euter der »Tante« saufen.

Sehr frühzeitig sollten die Fohlen sich an das Halfter gewöhnen, bereits wenige Tage nach der Geburt kann das geschehen. Auch das am Halfter »Geführt werden« sollten die Fohlen möglichst in ganz jungen Tagen lernen. Am einfachsten bindet man dazu die Fohlen gemeinsam mit ihren Müttern während des Fressens an. Selbstverständlich muß für das Fohlen gleich von Beginn an ein eigener Fohlentrog in der Box angebracht sein. Dieser Trog sollte in Ellenbogen-Höhe des Fohlens an der Wand hängen, obere Stäbe schützen das Fohlenfutter vor Mutters Futterneid. Der Abstand dieser Stäbe sollte nicht mehr als 5 bis 7 Zentimeter sein, da die Fohlen sonst mit den Hufen hineingeraten könnten.

Noch besser — aber eben mit etwas Aufwand verbunden — ist das Anbinden von Mutter und Fohlen bei jeder Fütterung. Das Fohlen lernt das Anbinden sehr schnell mit der erfreulichen Tatsache zu verbinden, daß immer, wenn angebunden wird, auch Futter folgt. Solche Fohlen lassen sich das Halfter ohne Schwierigkeiten anlegen und folgen meist auch ohne große Übungen dem Führstrick. Ohne viel Aufwand sollte das Führen in jedem Fall geschehen, denn Widersetzigkeit am Strick kann zu bösen Verletzungen beim Fohlen führen. Einfühlsamkeit des Menschen ist gefragt, denn Fohlen steigen beim Führen gern einmal und überschlagen sich womöglich, und schwere äußere und innere Verletzungen können die bedauerliche Folge von zuviel unnachgiebiger Härte sein. Deshalb soll der Mensch am anderen Ende des Strickes immer abwägen, wann er besser dem »streikenden« Fohlen nachgibt, um hier keine unnötige Gefahr heraufzubeschwören und wann man es gefahrlos für das Kleine ruhig auf einen kleinen (aber wichtigen!) Machtkampf ankommen lassen kann!

Allen Fohlen sollte von Anfang an ein Kraftfutter beigefüttert werden. Hier werden spezielle Fohlen-Futter angeboten, die meistens alle für ein Fohlen notwendigen Vitamine, Spurenelemente und Mineralien enthalten. Manche Fohlen beginnen bereits am ersten Tag mit der Aufnahme dieses Zusatzfutters, andere erst nach ein paar Tagen.

Bei den Fohlen ist auf eine deutliche Entwurmung zu achten. Hierbei sollten die Präparate gewechselt werden. Auf jeden Fall muß ein Fohlen am fünften und einundzwanzigsten Tag seines Lebens und spätestens nochmals im fünften Monat entwurmt werden. Doch auch bei der Entwurmung gilt: je häufiger je sinnvoller, wobei man allerdings auf die Stärke der Präparate achten sollte, denn man darf nicht vergessen, *daß jede Wurmkur den Organismus des Fohlens stark belastet.*

Entwurmungen in Phasen von Infektionen und anderen Krankheiten sind zu vermeiden.

Im fünften Monat muß das Fohlen grundimmunisiert werden. Diese Impfung gegen eine Infektion der Atemwege ist wegen der heute meist praktizierten Stallhaltung einfach nicht mehr wegzudenken. Es wird allerdings auch die Meinung vertreten, Fohlen in diesem Alter nicht zu impfen und mehr darauf zu vertrauen, daß der Körper gerade in diesem Alter eigene Abwehrstoffe entwickelt, die eine größere Robustheit für das ganze Pferde-Leben gewährleisten als eine Impfung dies vermag.

Im Alter von ca. fünf Monaten ist außerdem gegen Tetanus zu impfen und gegebenenfalls auch gegen Tollwut. Letztere Impfung ist in tollwutgefährdeten Gebieten sogar unerläßlich, denn viele Weiden befinden sich in Waldnähe, wobei zu erwähnen ist, daß nicht nur der Fuchs ein Tollwutüberträger ist.

Beizeiten sollte der Hufschmied die Hufe des Fohlens begutachten. Der Hufschmied wird feststellen, ob Unregelmäßigkeiten durch frühzeitige Korrekturen zu beheben sind. Ein guter Hufschmied ist ein Fachmann, der auf den ersten Blick Verstellungen erkennt und sie durch konsequente Korrektur beseitigen kann.

Im Alter von drei bis fünf Monaten wird es zum ersten Mal notwendig wden, die Fohlen-Hufe auszuschneiden. Der Zeitpunkt hängt von der Hä der Hufe ab, aber natürlich auch von der Bodenbeschaffenheit, die d Fohlen in den ersten Wochen und Monaten seines Lebens vorfindet.

Damit das erste Ausschneiden nicht zu einer unerträglichen Tortur für das Fohlen und natürlich auch für die Helfer (Aufhalter und Schmied) wird, sollte das Aufheben der Hufe vorher schon geübt worden sein. Natürlich ist es empfehlenswert, die Hufe des Fohlens vom ersten Tag an jeden Tag einmal aufzuheben, doch wird leider kaum jemand dies in der Praxis realisieren können, dennoch versuchen sollte man es schon so früh wie möglich! Ein Helfer wird an den Kopf des Fohlens gestellt — die Mutter ist natürlich ganz in der Nähe — und man hebt dem Fohlen die Hufe auf, wobei man es mit einer kleinen Leckerei verwöhnt. Schon beim zweiten Mal — am nächsten Tag oder ein paar Tage später — wird das Fohlen diese Prozedur erheblich gelassener über sich ergehen lassen.

Pferde — natürlich auch Fohlen — haben ein phänomenales Gedächtnis. Wenn beim Aufheben der Hufe bei vier oder fünf Gelegenheiten alles so verlief wie geplant, wird das nun auch beim großen Auftritt beim Hufschmied klappen, und ganz perfekte kleine Pferde sind die Fohlen, die

Die Rosse einer Stute wird entweder an der sogenannten F̶[...]
durch eine Boxenwand hindurch oder an einem trennenden [...]
überprüft.

Jüngere Pferde verhalten sich einem älteren Pferd — hier dem [...]
gegenüber unterwürfig und demonstrieren dies durch Zähneklapp[...]
Maiden-Stuten klappern bei der Annäherung des Hengstes anfang[...]
Ängstlichkeit mit den Zähnen — hier muß länger probiert werden, [...]
Stute die Scheu zu nehmen.

Sind nur ganz wenige, eigene Stuten, die von einem Hengst gedeckt werden, vorhanden, ist ein sandiger Untergrund beim Decken unbedenklich und noch vertretbar — sonst aber sollte aus hygienischen Gründen ein fester, nicht rutschender Untergrund gewählt werden.

Gut rossende Stuten müssen oftmals gar nicht festgehalten werden — sie stehen allein.

Das Paarungsverhalten der Pferde ist bei allen Rassen - hier zwei Noriker - gleich.

Zur Sicherheit des Hengstes werden Stuten, die der Hengsthalter nicht genau kennt, am Hinterbein gefesselt — wie hier auf einer Deckstation.

Nach dem Samenerguß steigt der Hengst sehr schnell von der Stute. Die Stute sollte danach ein paar Minuten ruhig geführt werden.

In einer Herde, in der sich auch Wallache befinden, sind Rosse-Symptome bei den Stuten am deutlichsten feststellbar — auch schon bei jüngeren Pferden.

Luftige und helle Stallungen sind für eine Mutterstute am besten — Außen-
boxen gewährleisten immer frische Luft.

Pferde fühlen sich bei einer Temperatur von rund 7 Grad plus am wohlsten
— nur bei Temperaturen unter dem Gefrierpunkt sollte eine Geburtsbox
künstlich erwärmt werden.

Hengst und Stute — alle Pferde — sollten auch im Winter regelmäßig Auslauf an der frischen Luft haben.

Die Zucht bestimmter Farben — hier ein Pinto-Hengst — ist besonders schwierig.

Auch in einer Stutenherde, die durchgezüchtet die Scheckfarbe trägt, ist ein einfarbiges Fohlen nicht ausgeschlossen.

In diesem Fall hat die züchterische Überlegung Früchte getragen: Aus der Pinto-Stute ist wieder ein Pinto-Fohlen gefallen.

schon beim Fressen mit einem Halfter an die Krippe angebunden worden sind, und sich darüber hinaus schon gut führen und am Strick festhalten lassen.

Sicherheitshalber sollte man beim ersten Ausschneiden das Fohlen nicht anbinden, sondern nur am Strick festhalten, damit man in einer kritischen Situation mit dem Strick nachgeben kann. Fohlen, die sich einmal schmerzhaft ins Halfter »gehängt« haben, werden lange Zeit Scheu vor dem Anbinden haben.

Auch bei den Lern-Aufgaben sollte immer wieder bedacht werden, daß man es nicht mit einem Verstand- sondern einem Instinkt-Tier zu tun hat, somit hilft eine Belohnung hinterher nicht sehr viel, während die Freß-Belohnung während der ungewohnten neuen Aufgabe beste Resultate bringt. Beispiel: Ein Fohlen wird mit einem Leckerbissen an den Schmiede-Platz gebracht. Und auch während des Ausschneidens bekommt das Fohlen immer wieder eine Leckerei. Auf diese Weise vergißt das Fohlen das anfangs unangenehme Ausschneiden der Hufe und verbindet vielmehr Ausschneiden mit dem Reiz der Leckerbissen — also angenehm!

In der Praxis muß man feststellen, daß bei Einzelfohlen oder bei Fohlen, die in Klein-Zuchten aufgezogen werden, meistens des Guten zuviel getan wird. Man läßt kleinen Frechdachsen mit der Bemerkung »ach, wie süß« und »sie sind ja noch so klein« oft viel zu viel an Übermut durchgehen, doch die Einsicht folgt irgendwann, spätestens, wenn aus den Fohlen große und schwere Pferde geworden sind, die einem dann das Leben ganz schön schwer machen können. Wie soll ein 600 Kilo schweres Pferd begreifen, daß es nun plötzlich dem Herrn mit den Vorderbeinen nicht mehr auf die Schulter steigen darf — wenn es als Fohlen für eine solche Übung unter allgemeinem Händeklatschen belohnt worden ist?

In größeren und wirtschaftlich geführten Beständen wird mit den Fohlen meistens etwas zu wenig Benimm geübt. Dies gleicht sich aber meistens dadurch aus, daß in diesen Beständen die Fohlen in großen Herden leben und auch nach dem Absetzen in einer größeren Gruppe gleichaltriger Pferde aufwachsen. Für ein geistig gesundes Fohlen gibt es keine bessere Erziehung als die im Herdenverband!

Das soziale Verhalten, das ein jedes Lebewesen lernen muß, wird auch einem Pferd am besten und am natürlichsten von den Artgenossen beigebracht. Bei einem Pferd, das später Dienst als Reitpferd tun soll, überträgt sich sein Sozialverhalten uneingeschränkt auch auf den Menschen.

Deshalb ist es so wichtig, daß Fohlen in möglichst großen Herden aufwachsen. Die großen Flächen und die großen Herden sorgen dafür, daß das Fohlen körperlich und geistig gesund aufwächst und später zu einem Kameraden des Menschen werden kann.

Schon als Saugfohlen unter mehreren Müttern mit ihren Fohlen, werden die jungen Pferde von allen anderen Pferden erzogen, lernen den Stärkeren zu respektieren und sich gegenüber Schwächeren durchzusetzen. Immer wieder werden dem Fohlen seine Grenzen gezeigt. Hier sollte der Mensch keinen Einfluß nehmen, auch wenn das eine oder andere Fohlen unter Umständen mal in eine kritische Situation gerät.

Die Herde sollte allerdings sorgfältig zusammengestellt sein, die Mütter sollten sich kennen, bevor sie ein Fohlen zur Welt gebracht haben. In der Regel werden die tragenden Stuten in größeren Beständen zu einer Herde formiert und bleiben dann zusammen, nachdem sie alle ihr Fohlen bekommen haben. In einer solchen Herde kann man die Natur ohne Eingriff walten lassen.

Doch immer wieder kommt es natürlich in den vielen kleineren Beständen vor, daß eine Stute mit einem Fohlen bei Fuß in eine schon vorhandene Gruppe von Pferden integriert werden muß. Gerade Mütter mit Fohlen bei Fuß sind — auch gegenüber Artgenossen — besonders vorsichtig und oftmals auch besonders aggressiv. Die Gewöhnung muß daher langsam erfolgen, und man muß darauf achten, daß die Fohlen sich bei irgendwelchen Rangkämpfen der Mutter nicht verletzen können.

Bei der »Weide-Zusammenstellung« ist zu beachten, daß die Pferde, die sich gemeinsam in einem Stall oder in einem Bestand befinden, sich gegenseitig an einem gleichen Geruch erkennen. Hier kann man den Begriff Stallgeruch wörtlich nehmen.

Es dauert aber einige Zeit, bis ein Pferd aus einem anderen Stall den Geruch des neuen Stalles angenommen hat. Eine neu in den Stall gekommene Stute sollte man in der Box neben die Herdenführerin stellen. Wenn diese beiden Pferde sich schon einmal kennen, wird die Eingliederung in die Herde einfacher. Ein großes Problem stellt dann aber die in der Rangfolge an zweiter Stelle stehende Stute dar.

Sie wird sich am vehementesten gegen die neue Stute wehren, weil sie fürchtet, sie könnte ihren zweiten Platz innerhalb der Hierarchie verlieren. Deshalb empfiehlt es sich, schon im Stall die neue Stute auch mit der zweitrangigen Kollegin bekanntzumachen, indem man auch diese ein paar Tage neben die neue Stute stellt.

Diese Vorschläge haben schon deutlich gemacht, daß man eine Stute, die mit ihrem Fohlen in eine schon bestehende Mutter-Stuten-Herde eingegliedert werden soll, nicht gleich am ersten Tag in die Herde geben darf. Die Stuten müssen sich erst im Stall wie beschrieben aneinander gewöhnen können. Tagsüber sollte die neue Stute mit ihrem Fohlen auf eine abgetrennte Koppel gebracht werden. Besonders gut eignet sich hierzu natürlich eine Koppel, die einen Anschluß an die Koppel hat, auf der die Herde sich befindet. So können sich die Pferde, ohne Gefahr für das Fohlen, auch tagsüber schon beschnuppern.

Nach einigen Tagen wird eine Integration der neuen Stute in die Herde möglich sein. Spätestens dann, wenn am Zaun und auch im Stall keine Unmuts-Äußerungen (Quieken, Grunzen, u.ä.) mehr zu hören sind, und die Pferde in Ruhe grasen, kann die neue Stute in die vorhandene Herde gelassen werden. Das wird natürlich trotz aller Bekanntschaft auch dann noch Aufregung geben. Jedes Pferd will die beiden Neuen beriechen! Der Züchter sollte während dieses Kennenlernens auf keinen Fall eingreifen. Es würde auch nichts nützen, sondern ausschließlich den Integrationsprozeß verzögern, wenn er versucht besonders aggressive Pferde zu vertreiben. Deshalb sollte die Koppel auch so groß wie möglich sein. Auf einer großen Fläche können die Pferde ausweichen! Ein angreifendes Pferd wird einen fliehenden Artgenossen nur eine kurze Strecke verfolgen. Es ist ein böser Fehler, zu versuchen, die Stute auf einer möglichst kleinen Koppel oder gar dem Reitplatz in die Herde zu integrieren, in der Meinung, auf einer kleinen Fläche hätte er die Möglichkeit, besser eingreifen zu können.

Fohlen werden abgesetzt

Der erste große Kummer im Leben eines Fohlens ist das Absetzen, denn für das Kleine bedeutet es, daß es sich im Alter von fünf bis sieben Monaten von der Mutter trennen muß. Besonders gilt das für Fohlen von Stuten, die schon wieder tragend sind und nun ihre ganze Kraft für das neu entstehende Leben brauchen.

Die Kunst des Absetzens besteht darin, den Schock und Schmerz für das Fohlen so gering wie möglich zu halten und ihm eine ununterbrochene seelisch stabile Weiterentwicklung möglich zu machen. Deshalb sind für das Absetzen einige Regeln zu beachten.

Ein Entwicklungsstop, durch unsachgemäßes Absetzen verursacht, ist meistens ein ganzes Pferdeleben lang nicht wieder gutzumachen! Das Fohlen sollte zum Zeitpunkt des Absetzens nun einige Voraussetzungen erfüllen: Es muß gesund sein, gut fressen, sich am Strick halten und auch führen lassen, denn Fohlen im Alter zwischen fünf und sieben Monaten sind schon verhältnismäßig groß und stark, müssen sich also gut führen lassen, da sie sonst kaum zu bändigen sind, und die Mutter als Ruhepol und Wegweiser nicht mehr zur Verfügung steht.

Vor dem Absetzen muß der Gesundheitszustand eines Fohlens besonders genau beobachtet werden. Die Fohlen sollten gut abgehaart haben — dies ist ein hervorragendes Zeichen für gute Gesundheit — und einen guten Appetit entwickeln. Bei Fohlen, deren Gesundheit Anlaß zu Zweifeln gibt, muß man bereits Tage vor dem geplanten Absetzen die Körpertemperatur kontrollieren. Bei einer Temperatur von mehr als 38,5 Grad sollte man einen Tierarzt zu Rate ziehen. Kranke oder auch nur geschwächte Fohlen dürfen nicht abgesetzt werden, denn Trennung von der Mutter ist für das Fohlen ein gewaltiger Streß, der auch von einem gesunden Fohlen nur schwer verkraftet wird. Kranke Fohlen allerdings können dabei Schäden erleiden, die niemals wieder zu reparieren sind.

Selbstverständlich sollte sein, daß das Fohlen schon während es bei der Mutter war, laufend und ausreichend entwurmt wurde und auch die nötigen Impfungen erhielt.

Über die Frage, ob man die Fohlen sofort und endgültig (aus Hör- und Sichtbereich!) von der Mutter trennt, oder ob man am Anfang nur eine räumliche Trennung schafft, die aber Sichtkontakt erlaubt, ist viel diskutiert worden, doch läßt sie sich nicht endgültig beantworten und ist in der Praxis natürlich auch von den vorhandenen räumlichen Gegebenheiten abhängig.

In jedem Fall ist anzuraten, die Fohlen nach dem Absetzen nicht mehr saufen zu lassen. Mutter und Fohlen täglich für kurze Zeit wieder zusammenzubringen und die Fohlenmilch absaufen zu lassen, um dies nach einigen Wochen endgültig einzustellen, hat sich mit dem einfachen Hintergrund, daß die Stute die Milchproduktion erst in dem Moment einstellt, in dem keine Milch mehr abgerufen wird, das Fohlen also nicht mehr saugt, sicherlich nicht bewährt. Das Einstellen der Milchproduktion dauert in der Regel zwei bis vier Tage.

In dieser Zeit drückt das Euter, jedoch da keine Milch abgerufen wird, wird auch keine mehr produziert und läßt nach. Der Zustand des Euters normalisiert sich. Deshalb ist es auch nicht ratsam, bei einer gesunden Stute jetzt Milch abzumelken, um ihren Zustand etwas zu erleichtern, denn dieses würde die Milchproduktion erneut anregen.

In größeren Betrieben werden die Fohlen auch räumlich weit von der Mutter getrennt. Fohlen und Mutter gehen an bewußtem Tag morgens noch gemeinsam auf die Koppel und werden abends einfach in andere, weit voneinander entfernt liegende Ställe geführt, so daß sich Fohlen und Mutter auch nicht hören können. In beiden Ställen wird zwar ein wildes Geschrei anheben, das aber nach einer Nacht schon nachläßt und nach einer weiteren Nacht meist völlig verstummt.
Wählt man diese Art des Absetzens müssen alle Fohlen zum gleichen Zeitpunkt abgesetzt werden. Die Fohlen werden entweder alle in einem ausreichend großen Laufstall oder zu zweit in einer Box untergebracht und gehen tagsüber auf eine Koppel, die weit von der Koppel der Mutter entfernt sein muß. Nach wenigen Tagen schon fügen sich die Mütter in ihr Schicksal — meist erleben sie das ja nicht zum ersten Mal — und auch die Fohlen werden in ihren Jahrgangsgenossen eine Gesellschaft gefunden haben, die sie die Trauer um die Mutter rasch vergessen läßt.

Bei zeitig geborenen Fohlen eignet sich die neuerliche Bedeckung der Mutter sehr gut zum Absetzen. Heute werden die Stuten oftmals über große Entfernungen zum Hengst gebracht und leben meistens bis zur Feststellung der Trächtigkeit (rund drei Wochen) auf der Deckstation. In diese Zeit das Absetzdatum zu verlegen, setzt natürlich voraus, daß die Mutter mit dem frühen Fohlen im nächsten Jahr erst dann bedeckt wird, wenn das Fohlen bei Fuß schon fünf bis sieben Monate alt ist.

Eine andere Möglichkeit des Absetzens ist es, Mutter und Fohlen nur räumlich zu trennen, also zu verhindern, daß das Fohlen an das Euter der Mutter gelangen kann. Hierzu kann man das Fohlen einfach in die Box neben der Mutter stellen. Allerdings gibt es dann natürlich einige Zeit lang Fohlengeschrei im Stall, doch dies ist erheblich weniger als beim »endgültigen Absetzen«.

Besonders schön ist dabei, daß sich Mutter und Fohlen berühren können. Das Fohlen darf das Euter aber nie erreichen, und die beiden dürfen auch nicht gemeinsam auf eine Koppel gebracht werden. Auch hier ist es notwendig, daß die Koppeln der Fohlen und die der Mütter weit auseinander liegen. (Mütter und Fohlen stellen die tollsten Dinge an, um in den ersten Tagen nach dem Absetzen zueinander zu gelangen!)

Den frisch abgesetzten Fohlen muß — gerade in den ersten Tagen — das gewohnte Futter angeboten werden. Die meisten werden in der ersten Nacht überhaupt nicht oder nur sehr schlecht fressen, und wenn sie sich jetzt auch noch an ein neues Futter gewöhnen müssen, ist an eine Futteraufnahme überhaupt nicht zu denken!

Bei der Mutter sollte in diesen Tagen besonders das Kraftfutter etwas reduziert werden, da die Milchproduktion eingestellt werden soll. Hungern und dürsten dürfen die Stuten aber in keinem Fall!

Kapitel VI

Züchterische Überlegungen

Welcher Hengst für welche Stute?

Spätestens eine Woche nach der Geburt des Fohlens stellt sich die Frage, ob der gleiche Hengst noch einmal für die Bedeckung einer Stute eingesetzt werden kann oder ob ein anderes Vatertier gewählt werden soll. Die Tatsache, daß die meisten Stutenbesitzer keinen eigenen Hengst halten, sondern einen staatlichen oder einen privaten Vererber benutzen, hat den Vorteil, daß sich viele Auswahlmöglichkeiten anbieten, denn der Einsatz eines anderen Hengstes ist ohne Probleme möglich.

Allerdings sollte man damit nicht zu voreilig sein. Auch Vollgeschwister können durchaus vollkommen unterschiedlich sein. Bringt eine Stute von einem Hengst, der nach Erscheinungsbild und Abstammung ausgezeichnet zu der Stute passen müßte, ein Fohlen zur Welt, das nicht den erhofften Ansprüchen genügt, sollte dennoch in jedem Fall ein weiterer Versuch gemacht werden. Unter Umständen muß man einem Hengst auch drei »Chancen« geben. Das zweite Fohlen kann möglicherweise schon dem erwünschten Ergebnis deutlich nahekommen.

Hinsichtlich Größe und Stärke des Fohlens muß man bei einer Stute, die ihr

143

erstes Fohlen zur Welt bringt, oftmals ohnehin Abstriche machen und auf das nächste Fohlen aus der gleichen Paarung warten.

Am besten ist die Beurteilung eines Fohlens in der ersten Lebenswoche möglich. Kommt das Fohlen auf die Welt, zeigt es sich in den Proportionen, die es später als ausgewachsenes Pferd wieder haben wird. Es ist ratsam, drei bis fünf Tage bis zur endgültigen Beurteilung vergehen zu lassen. In dieser Zeit füllen sich einige Körperpartien, die kurz nach der Geburt noch leer und matt gewesen sind.

Eine Fohlen-Beurteilung ist nicht einfach und setzt ein großes Maß an Erfahrung und eine in die Zukunft sehende Phantasie (das »geistige Auge«) des Beurteilers voraus. Doch wenn der Züchter das Fohlen mit den vielen anderen, die er eventuell schon in diesem Alter gemustert hat, vergleicht, kann er eine ganze Menge Schlüsse aus dieser ersten Betrachtung ziehen.

Die meisten Partien und Proportionen des Fohlens verändern sich nämlich nicht mehr — sie sind endgültig angelegt, wie z.B. die Knochenstärke des Fundaments im Verhältnis zum Körperbau. Die Oberlinie, die Lage und Winkelung der Schulter, die Bemuskelung an den meisten Partien — all dies ist beurteilbar. Auch der »Adel«, also die trockene Schönheit eines Pferdes, ist direkt nach der Geburt zu erkennen. Gleichermaßen verhält es sich mit der Korrektheit eines jungen Pferdes. Fundamentfehler, Verstellungen und andere Unregelmäßigkeiten sind meistens in der ersten Lebenswoche noch nicht endgültig erkennbar — doch wenn sie vorhanden sind, werden sie sich von allein nicht mehr verändern.

Um Fundamentsfehler feststellen zu können, sollte man weitere Wochen warten und das Fohlen genau beobachten. Verlegungen wachsen sich nach einiger Zeit meistens von selbst wieder aus, genetisch angelegte Verstellungen aber werden nach kurzer Zeit deutlich. Hierzu ist es hilfreich, das Fohlen auf einem festen Untergrund gehen zu lassen, in tiefem Boden sind solche Verstellungen nur ahnbar. Das sei auch den vielen Kommissionen im ganzen Land geraten, die in jedem Jahr landauf und landab Fohlen mustern und bewerten. Wer in der Lage ist, die Korrektheit eines Fundaments auf einer stark bewachsenen Wiese oder im tiefen Boden einer Reithalle nach drei bis vier Tritten im Schritt zu beurteilen, ist entweder ein Genie oder ein Scharlatan. In der Regel wird wohl die zweite Bezeichnung zutreffen, weil es auch in der Hippologie nur sehr wenige Genies gibt.

Mehrmals und auch sehr stark verändert sich der Hals. An dieser Stelle sollte man sich bei der Fohlenbeurteilung zurückhalten. Es kann sich aus einem fast ideal angesetzten ein unschöner Hals entwickeln, aus einem kurzen und brettigen kann ein fast optimaler Reitpferdehals werden.

Selbstverständlich muß bei der Einschätzung eines Fohlens zuerst einmal die Qualität der Stute in Betracht gezogen werden. Auch wenn immer wieder davon gesprochen wird, daß nur mit den besten Stuten gezüchtet werden sollte — in der Praxis sind aus vielerlei Gründen Stuten in der Zucht, die nicht gerade zu den besten einer Rasse zählen. Aus einer unterdurchschnittlichen oder einer Stute mittlerer Qualität wird nur in den wenigsten Fällen ein Spitzenfohlen zu erwarten sein. Die Stute fließt mit ihrer Vererbungsmöglichkeit mindestens zur Hälfte in die Qualität des Fohlens ein, wahrscheinlich ist ihr Anteil noch höher. Es wird naturgemäß aus einer Stute minderer Qualität kaum ein Spitzenfohlen fallen können, selbst wenn ein Hengst herausragender Vererbungskraft gewählt worden ist.

In solch einem Fall führt es züchterisch kaum weiter, den Hengst zu wechseln, um auf diese Weise beim nächsten Mal ein Fohlen der Spitzenklasse zu züchten. Hier gibt es nur zwei Möglichkeiten: Entweder muß die Stute aus der Zucht genommen werden und durch eine von überdurchschnittlicher Qualität ersetzt werden, oder man muß sich als Züchter eben auf den Weg der Verbesserung über Generationen hinaus begeben.

Zucht heißt immer Erhaltung oder sogar Verbesserung vorhandener Qualitäten und Eliminierung von Mängeln — niemals schiere Vermehrung. Auch wenn man sich in einer aktuellen Situation befindet, in der man sagen kann, »uns ist das Fohlen lieb und recht, auch wenn es nicht dem Standard der Rasse genügt — wir werden es ohnehin nur für uns aufziehen und später selbst nutzen«, muß man solche Züchterei unverantwortlich und lebenverachtend nennen, ganz einfach aus dem Grunde, daß niemand weiß, wie es ihm in drei, vier oder zehn Jahren gehen wird. Mit der Züchtung eines Fohlens hat man aber die Verantwortung für ein Lebewesen auf sich genommen, das vielleicht rund 20 Jahre lang und mehr auf dieser Erde sein wird. Wenn es dem Züchter eines fehlerhaften und nicht genügenden Fohlens aber nach ein paar Jahren wirtschaftlich schlechter gehen wird, oder wenn sich seine Lebenssituation so geändert hat, daß er dieses Pferd nicht mehr halten kann, muß er ein solches Pferd dem freien Spiel der Kräfte im Pferdemarkt überlassen, und was das bedeuten kann, ist allen, die mit Pferden zu tun haben, aus vielen kläglichen Pferdeschicksalen, die sich tagtäglich rund um uns herum abspielen, sicherlich hinreichend bekannt!

Der beste Schutz für ein Pferd aber ist seine Qualität. Für ein gutes Pferd wird immer ein vernünftiger Preis bezahlt werden. Und wer einen vernünftigen Preis für sein Pferd bezahlt hat, wird auch darauf achten, daß es nicht in einem »Hühnerstall« steht und vor sich hinvegetiert.

Dieses muß man ganz einfach bedenken, wenn man beabsichtigt, aus einer unterdurchschnittlichen oder mittleren Stute ein Fohlen zu ziehen, das dem Standard der Rasse nicht genügen wird.

Neben dem Austauschen der Stute gibt es einen zweiten züchterischen Weg, der allerdings letztlich der längere und damit auch der teurere ist: Vorausgesetzt, es handelt sich bei dem Fohlen um ein weibliches Tier, das gegenüber der Mutter eine bessere Qualität darstellt, ist ein späteres Weiterzüchten mit der jungen Stute angezeigt. Dieses Fohlen wird also, nachdem es die Geschlechtsreife erlangt hat, in die Zucht genommen, die Mutter scheidet dann aus. Voraussetzung für solch eine Überlegung muß aber sein, daß das immer noch nicht genügende Fohlen gegenüber der Mutter deutliche Verbesserungen zeigt. Der weitere Weg ist vorgegeben: Aus dieser schon verbesserten Stute muß man versuchen, wiederum verbesserte Fohlen zu züchten. Nur so kann man sich dem Standard der Rasse nähern.

In Frage kommen können solche züchterischen Überlegungen natürlich ausschließlich für Pferdebesitzer, die die Zucht als Steckenpferd betreiben und keinerlei wirtschaftliche Überlegungen anstellen müssen, denn solch ein züchterischer Weg kostet auf jeden Fall eine Menge Geld.

Es ist nicht auf ungenügende Stuten beschränkt, wenn ein Züchter in der ersten Woche nach der Geburt mit dem gefallenen Fohlen nicht zufrieden sein kann. Auch sehr gute Stuten bringen Fohlen zur Welt, die den Ansprüchen nicht genügen. Dies kann vor allem zwei Gründe haben: Eine im Exterieur ausgezeichnete Stute ist unter Umständen nicht durchgezüchtet, d.h. sie ist gewissermaßen ein Zufallsprodukt, indem zwar ein oder auch beide Elternteile den Anforderungen nicht genügten und dennoch eine tadellose Stute geboren wurde. Hier kommt es nun beim Fohlen sehr wahrscheinlich zu Gen-Verbindungen, die der Mutter nicht mehr entsprechen. Denn Mutter wie auch Vater tragen die Möglichkeit in sich, äußere Merkmale und Eigenschaften der Vorfahren bis in die vierte (unter Umständen sechste) Generation des Stammbaumes zu vererben. Daraus ergibt sich, daß es von größter Bedeutung ist, mit welcher Stute man auch immer züchtet, daß man die Vorfahren kennt und somit weiß, welche Eigenschaften und äußeren Merkmale unter Umständen vererbt werden könnten.

146

Nicht nur in der Pferdezucht sprechen wir heute von sogenannter Linienzucht. Dies heißt nichts weiter, als daß der Erbgang möglichst stark gesichert ist. Gewünschtes Exterieur und angestrebte Eigenschaften eines Tieres sollen über eine längere Generationenfolge verankert sein.

Als Beispiel: Wenn in direkter Linie die Vorfahren einer Stute alle Springveranlagung hatten, ist es verhältnismäßig sicher, daß auch diese Stute diese Veranlagung vererben wird. Dadurch, daß diese Veranlagung von einem Tier zum anderen weitergegeben wurde, ist die Wahrscheinlichkeit (keine Sicherheit) der weiteren Vererbung sehr groß geworden, denn der Anteil der Spring-Gene hat sich von Generation zu Generation vergrößert.

Wenn eine Stute selbst überragend springt, ihre Vorfahren »mit den Stangen« aber nichts anfangen konnten, ist die Möglichkeit der Vererbung geringer Springveranlagung natürlich sehr groß, weil die Vorfahren dieser Stute auch viele Gene mitgegeben haben, die nicht zu einer guten Springveranlagung führen können. Obwohl sie selbst gut springt, trägt sie aber — banal ausgedrückt — mehr Gene in sich, die nicht zu einer guten Springveranlagung führen. Weil das Vererbungs-Potential in einem Tier — das gilt gleichermaßen für den Hengst — sich vor allem aus dem der Vorfahren zusammensetzt und unzählige und nicht beeinflußbare Möglichkeiten der späteren Verbindung in dem Fohlen vorhanden sind, muß die Eigenleistung eines Tieres in Bezug auf die Vererblichkeit nur mit einem kleinen Prozentsatz gesehen werden. Es hat eine Reihe wissenschaftlicher Untersuchungen in dieser Hinsicht gegeben, die sich natürlich alle sehr schwierig gestalten und deren Aussagekraft von vielen Faktoren abhängt. Doch gesichert läßt sich fraglos feststellen: Die Eigenleistung eines Tieres kann höchstens mit einem Prozentsatz von zehn bis zwanzig Prozent in die Vererbungsüberlegung einfließen.

Natürlich gestaltet sich dieser Prozentsatz in der Linienzucht anders. Bei einer mütterlichen Linie z.B., in der Springveranlagung über viele Generationen vorhanden war, ist die Sicherheit, daß auch ein weiteres Fohlen diese Springveranlagung aufweisen wird, logischerweise um ein erhebliches größer.

Die zweite Möglichkeit, warum ein Fohlen aus einer guten Stute den Anforderungen nicht genügt, ist ganz einfach die Tatsache, daß der falsche Hengst gewählt worden ist. Stute und Hengst haben ganz einfach nicht »gepaßt«. In einem solchen Fall muß der Hengst gewechselt werden.

Wie aber sucht man sich einen Hengst für seine Stute aus?

Natürlich ist das nicht einfach. Oftmals braucht man mehrere Versuche, um einen Hengst gefunden zu haben, der zur eigenen Stute wirklich paßt. Bei einer guten Stute lohnen sich mehrere Versuche natürlich in jedem Fall.

Vermieden werden muß in der Zucht das Zusammenführen der Extreme. Auch wenn solch eine Extrem-Paarung in einem Pferd der nächsten Generation mal geglückt sein mag — das Weiterzüchten mit einem solchen Pferd gestaltet sich außerordentlich schwer. Dazu muß man nur wieder bedenken, daß nur Linienzucht zu einem einigermaßen vorauskalkulierbaren Ergebnis führen kann. Wenn die Mutter aber ein sehr schweres, derbes Pferd ist, der Vater ein sehr kleiner und eleganter Hengst und das Fohlen daraus ein Pferd genau der erhofften Machart, sind die Möglichkeiten, daß bei einem weiteren Fohlen die Vererbung in die eine oder auch andere Richtung schlägt, sehr groß.

Der große Hippologe Gustav Rau hat schon vor vielen Jahrzehnten einen einfachen, aber wichtigen Satz gesagt: »Paare Gleiches mit Gleichem«. Damit wollte er deutlich machen, daß Mutter und Vater sich nicht extrem voneinander unterscheiden sollten, sondern sie sollten vergleichbar sein. Und weil die Stute meistens gegeben ist, hat der Züchter nur bei der Wahl des Hengstes die Chance, Eigenschaften oder äußere Merkmale in seinem Sinne zu verändern oder zu verstärken. Es sollte also ein Hengst gewählt werden, der der eigenen Stute durchaus entspricht, der aber unter Umständen noch korrekter im Fundament ist, dessen Leistungsveranlagung noch größer erscheint als die der Stute. Die Sicherheit der Verbesserung liegt also gewissermaßen in den kleinen Schritten.

Um beim zuerst ins Auge fallenden Kriterium zu beginnen: Ein gutes Pferd hat keine Farbe, so sagt man. Doch das stimmt natürlich in der Praxis nicht ganz. Es müßte wohl heißen: Ein *sehr* gutes Pferd hat keine Farbe. Letztlich stellt der Züchter, der seine erzüchteten Pferde verkaufen muß, natürlich immer wieder fest, daß er für durchschnittliche Pferde, deren Farbe gerade in Mode ist, mehr Geld bekommt als für ein sehr gutes Pferd, dessen Haarkleid leider eine Farbe hat, die man gerade nicht so hoch einschätzt. Meistens sind die dunklen Farben die gewünschten Farben (Rappen, Dunkelbraune, Braune), und weniger beliebt sind Schimmel und Füchse. Dies hat einfache Gründe: Der Schimmel ist in der täglichen Pflege aufwendiger, und Füchse gibt es einfach zu viele — dies hat seinen Grund in der Farb-Vererbung, und wie es so ist im Leben: Was reichlich da ist, wird nicht begehrt!

Diese Regel wird zeitweise nur unterbrochen, wenn Füchse oder Schimmel z.B. besonders erfolgreich im Sport sind und dann eine gewisse Idol-Funktion ausüben.

Der Züchter, der seine erwachsenen Pferde oder auch die Fohlen verkaufen muß, wird also durchaus auch auf die Farbe achten müssen. Doch wenn man sich die Verteilung der guten Hengste über das gesamte Zuchtgebiet ansieht, ist es bei den Transportmöglichkeiten in unserer Zeit kein Problem mehr, einen jeweils passenden Hengst für eine bestimmte Stute auch in der gewünschten Farbe zu wählen.

Bei der hippologischen Betrachtung allerdings bleibt die Farbe eines Pferdes ein nicht vorhandenes Kriterium. Deutlich sei aber angemerkt: Die hippologische Einschätzung und die Vermarktungs-Überlegungen decken sich zwar in vielen Bereichen völlig — in anderen aber weichen sie ganz deutlich voneinander ab. Die Farbe eines Pferdes gehört ausschließlich in die Vermarktungsstrategie.

Ein Zuchtziel der Reitpferdezucht, die nach dem Zweiten Weltkrieg mit Macht eingesetzt hat, scheint Anfang der neunziger Jahre dieses Jahrhunderts fast vollständig erreicht zu sein: Die Größe der Pferde. Ziel war es, ein Pferd mittlerer Größe zu züchten, das über viel Boden steht. Hierbei hat es Phasen der Übergrößen-Züchterei gegeben, doch inzwischen hat keine Reitpferdezucht mehr das Problem, daß viele Pferde zu klein bleiben.

Deshalb muß man sich im Hinblick auf die Größe in unserer Zeit bei der Anpaarungs-Überlegung nur kurz Gedanken machen. In vielen Fällen ist es eher notwendig, einen Hengst zu wählen, der die Größe und Mächtigkeit (was oftmals mit Holzigkeit, Steifheit einhergeht) einer Stute im Rahmen hält.

Auch in Bezug auf das Exterieur dürfen heute in den meisten Reitpferdezuchten sehr strenge Maßstäbe angelegt werden. Schulter, Oberlinie oder auch Halsformation sind auf hohem Niveau bei guten Zuchttieren gesichert. Viel entscheidender bei der Zuchtplanung sind heute das Fundament und somit auch das Gangwerk, d.h. der Bewegungsablauf eines Pferdes.

Hier sollte das besondere Augenmerk des Züchters bei der Suche nach einem passenden Hengst ansetzen. Vor allem gefragt — und durchaus auf breiter Front verbesserungsfähig — sind Elastizität und Geschmeidigkeit des Ganges (Rittigkeit). Dabei wird der Trab natürlich immer noch deutlich überschätzt. Erheblich wichtiger als der Trab sind die Gangarten Schritt und

Galopp, letzterer korrespondiert aber in den meisten Fällen mit dem Schritt, d.h.: *Ein Pferd mit einem guten Schritt wird auch fast immer einen guten Galopp haben.* Diese Gangarten müssen in gutem Takt, mit viel Raumgriff und in großer Elastizität und Geschmeidigkeit gezeigt werden können.

Unabhängig davon, daß alle Rassen gerade in den achtziger Jahren große Fortschritte hinsichtlich des Adels, also der Eleganz, Trockenheit und Schönheit, gemacht haben — diese züchterische Überlegung ist letztlich nachrangig. Schönheit und Adel sind züchterisch in einer Generation zu bewerkstelligen, aber um ein Fundament und das Gangwerk nachhaltig zu verbessern, braucht es fast immer mehrere Generationen.

Außerdem ist der Adel eines Pferdes natürlich ein vordergründiges Vermarktungs-Instrument. Ein durchschnittliches Pferd muß schön sein, um einen guten Preis zu erzielen. Doch kein erfolgsorientierter Reiter wird ein höchstveranlagtes Pferd »stehen lassen«, nur weil es einen etwas schweren Kopf hat.

Doch natürlich: Das Ziel ist ein ausgezeichnetes und zugleich auch schönes Pferd! Wenn — zugegeben etwas sarkastisch — eingewendet werden darf, daß die meisten Pferde letztlich nur durchschnittlich sein können, wird das Schönheits-Argument natürlich wieder erheblich wichtiger.

Auch wenn man den Grundsatz beachten sollte, züchterisch keine Extreme zu paaren, sollte man auf der anderen Seite aber der eigenen Phantasie und dem eigenen Mut genügend Raum lassen. Pferde, die überaus korrekt sind, an denen sich kaum ein Fehler feststellen läßt, gibt es viele. Eine lange Reihe dieser Pferde aber ist einfach langweilig und ohne Charme, Flair und Ausstrahlung — also nicht begehrenswert. Nicht in erster Linie aus Gründen des Verkaufs sollten wir aber alle versuchen, begehrenswerte Pferde zu züchten, Pferde, bei deren Anblick oder Vorstellung einem gelegentlich vor Begeisterung »die Luft wegbleibt«.

Diese Pferde wird man nicht erhalten, wenn man mit Eltern züchtet, die viele kleinere Mängel haben. Auch das Ergebnis wird immer nur eine Zusammenstellung vieler Kompromisse sein. Die großen Züchter haben immer das Pferd mit einem eklatanten Mangel und dafür aber auch mehreren Höhepunkten dem solideren Pferd mit mehreren kleineren Fehlern vorgezogen. Das hat einen einfachen Grund: Gegen einen deutlichen Mangel kann man durch die richtige Wahl des Hengstes auch deutlich gegenhalten. Wie aber gleicht man viele kleine Mängel auf einmal aus?

Einen starken Mangel (meistens wird der im Exterieur liegen) in Kauf zu nehmen, setzt allerdings voraus, daß solch ein Pferd echte andere Höhepunkte hat.

Der phantasievolle Züchter wird nun durch eine richtige Hengstwahl versuchen, diesen Höhepunkt des Pferdes noch zu verstärken. Als Beispiel: Er wird versuchen, aus einem sehr guten Trab einen herausragenden zu züchten. Dabei wird er den starken Mangel seiner Stute nicht außer acht lassen, wird aber andere Kriterien nicht überdeutlich in seine Anpaarungs-Überlegungen einbeziehen.

Solche Überlegungen kann man natürlich nur bei einer sehr guten Stute anstellen. Für eine Stute in durchschnittlicher oder gar minderer Qualität lassen sich solche züchterischen Dispositionen nicht verwirklichen. Hier muß in erster Linie darauf gezielt werden, klare Verbesserungen im Hinblick auf das Exterieur und sicherlich gleichermaßen das Leistungsvermögen zu erzielen.

Schwieriger noch als äußere Merkmale und Leistungsfähigkeit züchterisch zu verbessern, ist es, die inneren Eigenschaften eines Pferdes durch eine geeignete Zuchtplanung zu verändern. Leistungsbereitschaft und Leistungsvermögen sind eng miteinander verbunden. Ohne Leistungsvermögen nutzt die Bereitschaft dazu gar nichts: Auch wenn ein Pferd von seiner inneren Einstellung bereit dazu wäre, über ein Hindernis von zwei Metern Höhe zu springen — ist das zwar löblich, nutzt aber nichts, wenn es das vom Vermögen her nicht kann. Ein wenig anders zu sehen ist der umgekehrte Fall: Eine mangelnde Leistungsbereitschaft ist im Laufe der Ausbildung eines Pferdes verbesserbar. Doch das macht nur Sinn, wenn die Leistungsfähigkeit vorhanden ist.

In den meisten Fällen handelt es sich bei Pferden, die durchaus leistungsfähig sind, aber dazu selten bereit, um Tiere mit ungenügendem Charakter oder schwierigem Temperament (meistens beides zusammen). Wenn solche Pferde nicht über eine hohe Leistungsfähigkeit verfügen, sollten sie aus der Zucht genommen werden. Es dauert meistens viele Generationen, und manchmal scheint es gar unmöglich, Charakter und Temperament einer Linie züchterisch zu verbessern. Viele bekannte Beispiele belegen das. Vor allem auf dem Felde des Interieurs reicht die Möglichkeit des Einflusses vorhergehender Generationen sehr weit zurück. Wenn die Ur-Großmutter schon eine »Ziege« war, wird die Ur-Enkelin oft auch eine sein.

Nur bei Pferden, die über eine sehr hohe Leistungsmöglichkeit verfügen, sollte der Versuch gemacht werden, züchterisch allmählich das Interieur zu verbessern. Eine solche züchterische Aufgabe gehört aber in die Hand eines ausgewiesenen Fachmannes. Denn einem Pferd mit einem schwierigen Temperament wird es schwerlich anders ergehen als einem, das in der Qualität nicht genügt.

Die Verantwortung für ein erbärmliches Pferdeleben trägt zu großen Teilen immer der Züchter mit. Dieser Verantwortung muß er sich schon bei der Zuchtplanung bewußt sein. Es gibt (leider) keine Instanz, die diese Verantwortung jemals abfordern wird — außer das eigene, züchterische Gewissen.

Im Interesse aller Pferde ist zu wünschen, daß alle Züchter selber über ein ausgezeichnetes Interieur verfügen.

Veterinär-medizinische Begriffe

A

Abort:	Fehlgeburt, Ausstoßen einer Frucht
Affektionen:	krankhafte Reizungen
Anämie:	Blutarmut
Anaphrodiesie:	Funktionsstörung
anatomisch:	den Körperbau betreffend
Andrologie:	geschlechtsabhängige Erkrankung
Anomalie:	Regelwidrigkeit
Azyklie:	Funktionslosigkeit der Eierstöcke

B

Bedeckung:	Begattung
Belegung:	siehe Bedeckung
beta-Carotin:	Vorstufe des Vitamines A
Biopsie:	Gewebsuntersuchung
Blutkoagula:	Blutausflockung, Blutgerinnung
Brunstsynchronisation:	Gleichschaltung der Rosse

C

Corpus luteum	
persistens:	anhaltender Gelbkörper

D

Deckrolle:	Distanzstück
Degeneration:	Zurückbildung
domestizieren:	allmähliche Umwandlung vom Wildtier zum Haustier
Diäthylstilbösrol:	Östrogenpräparat
Diöstrue:	Zeitraum zwischen den Rossen
Drainage:	Ableitung, z.B. von Eiter

Druse:	Pferdekrankheit (sehr ansteckend, anzeigepflichtig)
Dystrophie:	mangelhafte Organernährung

E

Echographie:	Ultraschall
Ejakulat:	Samen, Sperma
eliminieren:	aussortieren, beseitigen
Embryotransfer:	Übertragung der ungeborenen Leibesfrucht
endokrin:	innen absondernd
Endometritiden:	Gebärmutterentzündung
Endoskopie:	Besichtigung der Genitalorgane von der Bauchhöhle aus
Epthelien:	Deckgewebe
essentiell:	wesentlich
Entozoon:	Rivanol

F

fakultativ:	wahlfrei
Fertilität:	Unfruchtbarkeit
fetal:	zum Fötus gehörig
Filtration:	Abseihung
Fimbrien:	vom Eileiter zum Eierstock ziehende Gewebshaare
Fistel:	Geschwür
Fluktuation:	Schwankung, Wechsel
fluoreszierend:	aufleuchtend
Flushing-Fütterung:	angepaßte Fütterung
Follikel:	Eibläschen
forcieren:	gewaltsam vorantreiben
fraktionieren:	Zerlegen eines Gemisches
FSH:	Follikel Stimulierendes Hormon

G

Gekröse:	das kleine Gedärm
Genital:	Geschlechtsorgan
gonadotrope Hormone:	Geschlechtshormone
Gravidität:	Trächtigkeit der Stute
güst:	nicht tragend
gynäkologische Untersuchung:	Untersuchung der Geschlechtsorgane

H

Herbivor:	Pflanzenfresser
Hymen:	Jungfernhäutchen
Hypophyse:	Hirnanhangdrüse, regelt die innere Sekretion

Hypoplasie:	Minderentwicklung der Eierstöcke
Hysteroskopie:	Besichtigung des Gebärmutterinnern

I

immun:	gegen Ansteckung gefeit
Implantation:	Einpflanzung
Induktion:	Verabreichung
Influenza:	Fieberhafte Erkrankung, Entzündung der Atmungsorgane
integren:	unversehrt
intramuskulär:	in die Muskeln spritzen
intravenös:	in die Venen spritzen
in vitro:	im Reagenzglas ablaufend

K

Karenzzeit:	Wartezeit, Sperrzeit
Karzinom:	Krebsgeschwulst
kastrieren:	operatives Entfernen der Hoden
Klebsiellen:	Bakterienart
Klitorissinus:	weibliches Geschlechtsorgan
Kloakenbildung:	Ausführgänge von Verdauungs- und Geschlechtsorganen laufen zusammen
Konsistenz:	Zusammensetzung
Kontamination:	Ansteckung
konträr:	gegensätzlich
Kontraktion:	Zusammenziehung
Konzeptionsbereitschaft:	Aufnahmebereitschaft
Kreatin:	Eiweißstoffwechselprodukt
kutan:	zur Haut gehörig

L

laktieren:	Milch geben, stillen
LH:	Luteinisierungshormon
Linamarin:	Inhaltsstoff von Leinsamen
Lipasen:	fettspaltende Enzyme
Lumen:	Innenraum
luteinisieren:	Gelbkörper bilden
Luteolyse:	Auflösung des Gelbkörpers

M

Magendasseln:	Larven einer Fliegenart
Maidenstute:	Stute vor der ersten Bedeckung
Melasse:	Trockenschnitzel
Metastasen:	Tochtergeschwulste
mikrobiell:	Mikroben = kleinste Lebewesen

morphologisch:	Morphologie = Gestaltlehre
Mortalität:	Sterblichkeit

N

Nymphomanie:	Art einer Dauerrosse

O

Östradiol:	Östrogenpräparat
Östrogen:	Hormon
Oestrus:	Brunstzyklus
Optimierung:	bestmöglich gestalten
oral:	durch das Maul
Ovarien:	Eierstöcke
Ovulation:	Follikelsprung

P

Pankreassaft:	Bauchspeicheldrüsensaft
partiell:	teilweise
Passion:	Sucht, Neigung
pathogen:	krankheitserregend
pathologisch:	krankhaft
Pelletierung:	Art der Herstellung von Futter
Pentosane:	Polysaccharide, die in Pflanzen als Gerüstsubstanz dienen
Pepsin:	Ferment des Magensaftes
persistens:	anhaltend, wiederkehrend
Physiologisch:	natürlich
Plazenta:	Mutterkuchen
Pneumovagina:	unzureichender Verschluß der Scham
Priorität:	Vorrang
Progesteron:	Schwangerschaftsfürsorgehormon
Prophylaxe:	Vorbeugung
Protozoen:	tierischer Einzeller
Pyometra:	besondere Art der Gebärmutterentzündung

Q

Quarantäne:	Seuchensperre, Gesundheitsbeobachtungszeit

R

Rebound Effekt:	vermehrte Ausschüttung von Hormonen
rektale Untersuchung	Betastung der Gebärmutter vom Mastdarm aus
Reproduktion:	Nachbildung
Resorption:	Beendigung einer Trächtigkeit im Anfangsstadium
Resumee:	Zusammenfassung

Retina:	Netzhaut
Rhinopneumonitis:	Atemwegserkrankung, kann zum Abort führen
Rosse:	Brunstperiode der Stute

S

saisonpolyöstrisch:	zu gewissen Zeiten besonders aufnahmefähig
Saprophyten:	Bakterienart
Scanner:	Schallkopf des Ultraschallgerätes
Sekret:	Absonderung
Selektion:	Ausleseprinzip
simultan:	gleichzeitig
Spekulum:	Untersuchungsinstrument
spezifisch:	arteigen
sphärisch:	kugelförmig
stagnieren:	stocken
steril:	keimfrei
Sterilität:	Unfruchtbarkeit
Stimulierung:	Anregung
Streptokokken:	Eitererreger
Streptomycin:	Antibiotikum
Subfunktion:	Unterfunktion
substituieren:	ersetzen
sukzessiv:	allmählich, nach und nach
synthetisieren:	zusammenführen

T

tendenziell:	sich neigen
Trypsin:	von der Bauchspeicheldrüse gebildetes Enzym

U

Uterus:	Gebärmutter

V

Vagina:	Scheide
Verschlußspasmus:	inaktiver Schließmuskel
veterinärmedizinisch:	tierärztlich
Viskosität:	Zähigkeit
Vulva:	weibliche Scham

Z

Zervix:	Gebärmutterhalskanal
Zyklen:	in regelmäßiger Folge wiederkehrend
Zysten:	krankhafte Geschwulst
zytologisch:	Zytologie = Zellenlehre

Weitere interessante Neuerscheinungen:

EIN PFERDELEBEN LANG GESUND
Vorbeugen ist besser als Heilen
Hiltrud Straßer

Pferde sehen nicht mit Menschenaugen, — folglich stellen sie ganz andere Ansprüche an ihre Umwelt, als die Pferdebesitzer es aus ihrer Sicht heraus für richtig und »zum Besten der Pferde« annehmen: Pferde werden in Boxen (Käfigen) Temperaturwechsel, dem Lauf der Jahreszeiten und den natürlichen Bedürfnissen entfremdet, gehalten, in der Annahme, daß sich das Pferd im Zuge der Domestikation an dieses nicht artgerechte Leben angepaßt habe. **Diese Ansicht ist falsch** und macht ein Umdenken aller Pferdebesitzer dringend erforderlich. Niemals zuvor waren Pferde anfälliger für jegliche Art haltungsbedingter Erkrankungen als dieser Tage als Folge einer nun schon über viele Generationen währenden widernatürlichen Haltung in Boxen.

Dieses unerläßliche Buch appelliert an das Verantwortungsgefühl und Gewissen eines jeden Pferdebesitzers, seine Pferdehaltung nach dem Motto, »**Je mehr Natur desto gesunder das Pferd**« auszurichten und bietet ihm zahlreiche praxiserprobte, wissenschaftlich untermauerte Ratschläge, Hinweise und Wegweiser für eine artgerechte und somit krankheitsvorbeugende Pferdehaltung.

144 S. · viele Abb., Pappband   **29,80 DM**
ISBN 3-927456-00-4

Winfried Paul / Günther Hangen

Kaltblüter

Alte Liebe rostet nicht
Die Zucht der schweren Pferde
in Deutschland und den Nachbarländern

BEATE DANKER-VERLAG

KALTBLÜTER
Alte Liebe rostet nicht
Winfried Paul/Günther Hangen

Wer liebt sie nicht, diese dicken, schweren und gemütlich anmutenden Pferde, die in all ihrer beeindruckenden Größe und Kraft doch Vertrauen erwecken und fast so etwas wie Sehnsucht nach vergangenen Tagen.

Diese neu entdeckte Liebe zu den Kaltblütern läßt ihre Zucht einer neuen Blütezeit entgegengehen, und ihre seit einiger Zeit wiederentdeckten Arbeitsqualitäten im Forsteinsatz (Rückepferde) und vor allem als Kutschpferde sind nur einige Gründe für die Renaissance der schweren Pferde.

Aus den Zuchtgebieten Deutschlands sowie fast allen europäischen Nachbarländern werden erfolgreiche Rassevertreter mit Rassebeschreibung, die wichtigen Linien, die herausragenden Hengste und Stuten in ausführlichem Text zusammen mit einer reichen Bebilderung vorgestellt.

Ein Blick in die Vergangenheit und Gegenwart der verschiedenen Kaltblutrassen rundet dieses Buch über ein lebendiges, erhaltungswürdiges Kulturgut ab.

184 S. · 150 Abb., 50 davon in Farbe **42,— DM**
ISBN 3-927456-01-2

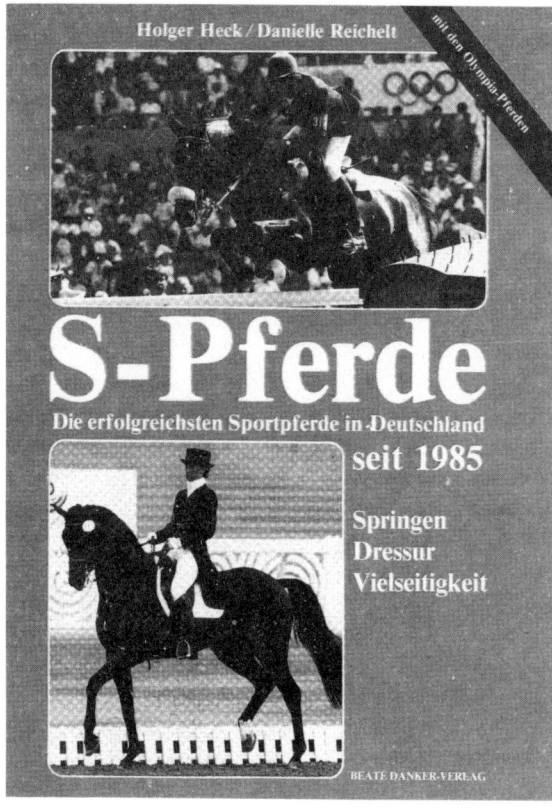

S-PFERDE

Die erfolgreichsten Sportpferde in Deutschland seit 1985

Springen · Dressur · Vielseitigkeit

Holger Heck/Danielle Reichelt

Die Schwere Klasse ist die Krone, ist der Thron, ist das Ziel. Dort wollen sie alle hin, daran wird hart gearbeitet — doch nur die wenigsten schaffen es.

Viele Jahre dauert es, aus einem talentierten Pferd ein S-Pferd zu machen. Jahre des Trainings sind notwendig, bis ein veranlagter Reiter sich »S-Reiter« nennen kann. Der Weg ist hart und steinig, Rückschläge und Verletzungen bleiben nicht aus, und die Frage: »Wird das Pferd es nervlich mitmachen?« kann erst beantwortet werden, wenn der Reiter mit seinem Pferd ein paar Mal zur Siegerehrung eingeritten ist.

Dieses reich bebilderte Buch stellt alle S-Pferde in Deutschland seit 1985 vor, 80 davon mit Bild und ausführlichem Text, Pedigree, Leistungsnachweis. Es dokumentiert die Stationen auf dem Weg zum Erfolg, die für manche bis zu olympischen Medaillen in Seoul führten.

208 S. · Großformat · 180 Abb., 50 in Farbe **48,— DM**
ISBN 3-927456-02-0